Jean-Hubert LEVAME

PUTSCH

Algérie, 22 avril 1961

Récit

Dans la même collection :

– La Cornemuse du D-Day, par Bill Millin.

– Voyage nocturne au bout du parc, d'Audrieu à Ravensbrück, par Monique Corblet.

– K.L. Mauthausen, les cicatrices de la mémoire, Par Paul et Etienne Le Caër.

– Soldats du Reich, par Kurt Meyer.

– Günther Prien, mémoires d'un sous-marinier allemand, par Günther Prien.

– Avril 1945 - Libéré par l'Armée Rouge - L'incroyable odyssée d'un prisonnier de guerre français K.G., par Henri Laloux.

Jean-Hubert LEVAME

PUTSCH

Algérie, 22 avril 1961

Récit

EDITIONS HEIMDAL

Table des matières

Préambule

Demi-Brigade de Fusiliers Marins - 22 avril 1961. Une explosion à la frontière Algéro-Marocaine. Deux blessés graves que le médecin du Poste, appelé du contingent doit convoyer jusqu'à l'hôpital Maillot à Alger.

Le même jour, le putsch des généraux va bouleverser l'Afrique Française du Nord.

C'est le début de l'aventure d'un Candide de la guerre, balloté au cours de sa mission médicale par les passions d'un pays désespéré.

Ce récit a été écrit trente ans après les événements d'Algérie, non pour refaire l'Histoire mais pour relater un enchaînement de circonstances réelles dans lesquelles la fidélité à l'ambiance a été privilégiée aux dépens quelques fois de l'exacte chronologie des faits, de la topographie des lieux ou de l'identité des personnages.

Je veux exprimer ma gratitude à tous ceux qui ont participé à la réalisation de cet ouvrage. Constantin Melnik et le Médecin-Général René Bourlat, par des voies différentes, en ont été les initiateurs. Jean-François Steiner et Etienne Levame ont orienté la narration vers sa forme définitive. La réalisation technique revient à Annie Capliez. Les conseils et les suggestions sont de Marguerite Adjouri, de Françoise Apra, de l'Amiral Christian Bonbon, de Jean Castello, de Christian Le Roux et de Pierre Van Wetter. Hommage doit être rendu aux historiens et chroniqueurs des Evénements d'Algérie chez qui j'ai pu trouver certaines références et informations rapportées dans le texte.

J.-H.L

Chapitre 1

El Aroussa - Samedi 1er avril 1961

Le matin clair faisait vibrer les mirages naissants sur la steppe. La section s'était engagée dans l'étroit vallon qui s'enfonçait en montant dans le versant du plateau.

Le troupeau que les hommes avaient aperçu là-haut allait bientôt dévaler dans cette gorge, pour aller vers le point d'eau. L'Enseigne qui marchait en tête du groupe fit de la main le signe à ses hommes de cesser leur progression. Ils avaient atteint une aire plate, large d'une dizaine de pas, au sol fait de graviers et formée à l'aval de ce qui, en temps de crue, devait être le pied d'une cascade. Du lointain venait maintenant le grondement croissant d'une galopade mêlé au bêlement des bêtes. Le troupeau surgit dans une vague de poussière, bousculant les épineux touffus et arrêta son élan à la vue des hommes qui lui barraient la route. C'était le troupeau de Fatoum, la lingère du poste et que son garçon menait vers Nador par le fond de l'oued. Deux chiens l'accompagnaient. Le garçon de la lingère avait certainement aperçu la section quand il était sur la crête et c'est pourquoi, comme s'il avait prévu le danger, il avait marché en tête du troupeau et maintenant il se tenait debout, face aux brebis, les bras écartés et claquant de la langue pour apaiser leur inquiétude. Ses chiens étaient venus se placer près de lui, renforçant le barrage. Il était impossible de tirer les chiens sans risque pour l'enfant et pour les moutons. L'Enseigne vit que le téléphone arabe avait été rapide et efficace. Ce garçon et ses chiens attendaient maintenant le groupe des fusiliers marins, et les autres, plus loin, les bergers des douars [1] voisins étaient eux aussi déjà avertis de la menace. Le PA [2] au poing, l'Enseigne fonça au milieu des bêtes. Un des chiens s'était dirigé vers lui en contournant les brebis, grondant et montrant les crocs. Deux coups claquèrent et le chien, avec un glapissement aigu, fit volte face, frappé au train postérieur et à l'épaule. Il resta figé sur ses pattes frémissantes, le corps raidi, puis il s'effon-

[1] Villages.

[2] Pistolet Automatique.

dra brusquement pour rouler au bas de l'escarpement au milieu du troupeau affolé. Deux rafales de MAT [3] avaient étendu le second chien. Soudain le silence se fit. Les brebis étaient immobiles, fixant de leurs yeux dorés fendus de noir, le groupe des soldats qui s'éloignait dans la ravine.

C'est alors que le cri de l'enfant s'éleva, aigu et prolongé, porté par le vent et au loin, d'autres cris lui répondirent, répétés par l'écho des rocailles.

El Aroussa - Dimanche 2 avril 1961

La murette de torchis qui entourait le poste était large d'une bonne coudée, élevée seulement à hauteur de poitrine, sa surface finement brillante des grains de sable, tiède de la chaleur du jour.

Benjamin s'y accota, le menton dans les mains, les yeux presque clos derrière ses lunettes rondes cerclées d'acier. Le soleil était près des crêtes et la brume légère semblait caresser le relief ondoyant de l'immense paysage noyé dans la lumière du soir. Il y avait déjà des zones d'ombre avec quelques touffes d'arbres où se nichaient les douars voisins. Un âne se mit à braire, très loin.

Le poste d'El Aroussa était établi à cent mètres à peine de la frontière marocaine, à une demi-heure de Jeep du bord de la mer. C'était un ancien bordj fortifié datant de la conquête espagnole, bâti au sommet d'un piton, augmenté depuis quelques années par la Marine Nationale de mechtas [4] et l'ensemble formait un carré de trois cents pas de côté, clos par le muret de pierres séchées, avec des miradors aux angles est et ouest. Un dédale de ruelles si étroites que deux bourricots ne pouvaient s'y croiser, divisait les groupes de mechtas et conduisait à la place centrale, aire en terre battue où trônaient le mortier de 81 et le mât de pavillon.

Le halo doré du couchant accentuait les pentes rugueuses des collines et ravivait le verdoiement pâle de l'ubac, témoin d'un printemps fugitif.

Les enfants rentraient de l'autodéfense de Tarnada où l'école coranique avait été transférée dans la nouvelle mosquée. Ils arri-

[3] Pistolet Mitrailleur de la Manufacture d'Armes de Tulle.

[4] Maisons basses en pisé au toit plat.

vaient en groupes joyeux, chassant devant eux les moutons et les chèvres que leurs frères et sœurs avaient menés à la pâture et qu'ils avaient rejoints en chemin. Ils démontraient une force et une adresse étonnantes en lançant des cailloux vers les bêtes craintives pour les ramener vers le sentier qui conduisait à l'entrée du poste. Ils portaient leurs livres et leurs cahiers dans de grandes besaces héritées des anciens équipements de la harka. Tous allaient nus pieds, certains avec leurs sandales battant leur poitrine, pendues par le lacet autour du cou. Leurs jeux et leurs gambades et la course du troupeau soulevaient une fine poussière qui glissait au ras du sol, portée par la brise de terre pour se perdre très loin vers le vallon d'Ageiga.

Une douzaine de mulets, les brèles, conduits par trois harkis, avançaient de leur pas précis, posant adroitement leurs pieds sur la pierraille instable de la piste taillée en lacet dans la pente des éboulis, veillant à conserver l'équilibre des fagots qui faisaient comme une énorme pelote sur le bât. Les hommes revenaient de couper des roseaux au fond de l'oued pour compléter la décoration du carré et monter la charpente de la mechta nouvellement mise en chantier et qui devait servir d'armurerie. La harka comptait en tout une trentaine de supplétifs qui vivaient là, au poste, avec leur famille.

Deux jeunes femmes berbères venaient de franchir le porche en terre séchée qui décorait l'unique entrée du poste. Leurs pieds nus étaient teints au henné et elles allaient à longs pas réguliers, les chevilles chargées de lourds bracelets d'argent. Toutes deux étaient vêtues d'un vaste sérouel de cotonnade incarnat et d'une courte tunique bariolée, la taille serrée par une cordelière de laine turquoise. Sur la tête un foulard enturbanné retenait les tresses de cheveux blonds et leur front était barré par les angles noués d'un grand châle formé à la manière d'un sac, débordant de foin et de feuillages glanés sur les pentes ombreuses de Nador et qu'elles portaient sur le dos, soutenu par la cambrure des reins. Deux femmes vêtues comme elles, mais plus âgées, venaient derrière, chacune portant en équilibre sur la tête une grosse cruche de terre cuite décorée de frises faites de chevrons bruns. Leur visage était marqué de rides profondes, soulignées par le pointillé bleu et symétrique des tatouages. Elles bavardaient en marchant, poursuivant la conversation commencée au point d'eau en contrebas de l'escarpement sud.

Benjamin était arrivé à El Aroussa une heure auparavant pour cette nouvelle affectation brusquement décidée la veille. Il venait du PC [5] de Beraoun établi dans un gros village fortifié, à trente kilomètres de là, et où il avait vécu les dix premiers mois de son séjour en ZOOM [6]. Là-bas, il y avait une quinzaine d'officiers, deux sections de fusiliers-marins, un peloton cynophile, une harka montée, une section spéléo, un commando de chasse formé de fellaghas ralliés et dont il avait été pendant quelques semaines le médecin-aspirant et tout un va-et-vient de visiteurs administratifs et militaires qui animait la vie quotidienne et lui donnait presque un air de mondanité auquel il s'était agréablement accoutumé. Il avait fait aussi quelques visites amicales à des camarades en poste dans le bled, occasion pour lui d'une battue aux sangliers ou d'une partie d'échecs. Et puis il y avait l'aumônier, le Père Conan, avec sa croix agrafée sur son treillis et son inséparable PA. Quand on l'interrogeait sur l'emploi de cette arme par le prêtre qu'il était, il répondait de sa belle voix de baryton qu'il s'en servirait en cas de nécessité pour envoyer au paradis quelques âmes infidèles.

C'étaient aussi les nomadisations, les embuscades, les ratissages, les bouclages, toutes ces choses de la nuit qu'étrangement Benjamin assimilait à des fonctions végétatives sans doute fondamentales dans la situation où il se trouvait mais qu'il n'avait jamais ressenties comme essentielles. Il se considérait depuis bientôt deux ans comme un amateur, invité parmi les professionnels de la guerre et il avait laissé les autres choisir pour lui les voies de sa destinée. Sa curiosité et son goût du jeu s'accommodaient facilement de cette ignorance du lendemain et c'est pourquoi il n'avait pas demandé les raisons de son soudain déplacement vers la frontière marocaine, confiant dans la vaste machinerie d'hommes et de matériels qui, jusque-là, avaient veillé à ce que tout arrive pour lui en temps voulu.

– Monsieur le Médecin, je peux ramener le canot au PC ? demanda le matelot qui avait déposé le paquetage du médecin dans la mechta qui lui était réservée. Il disait « canott » pour désigner la jeep où le matelot d'escorte et le second maître chargé du courrier l'avaient rejoint.

– Oui vous pouvez repartir.

Benjamin les salua de la main puis longea la murette pour voir la jeep qui avait déjà franchi le porche virer dans un nuage de poussière rousse. Ils seraient rendus à Beraoun en une heure, une heure et

[5] Poste de Commandement.

[6] Zone Opérationnelle Ouest Marine.

demie, par la piste caillouteuse et sinueuse qui suivait les courbes de niveau des contreforts des djebalas.

A l'aller, le matelot qui conduisait la jeep connaissait bien le chemin et avait été un bon guide. Il avait même fait un détour pour montrer au médecin la koubba de Sidi Brahim où les troupes du colonel de Montagnac avaient été anéanties par les guerriers d'Abdelkader. Le fusilier d'escorte avait dormi pendant tout le trajet malgré les cahots, le dos et la poitrine maintenus d'aplomb par la chasuble des chargeurs, le PM entre les genoux. Le second maître fusilier chargé du courrier était avec eux. C'était un ancien d'Indochine qui avait décidé une fois pour toutes d'appeler Viets tous les rebelles, même les fellaghas. Il avait raconté en passant devant Touane comment la semaine précédente les moghaznis [7]de la Section Administrative Spécialisée avaient tiraillé toute une nuit contre les harkis de Bab El Seghir.

– Affirmatif, Monsieur le Médecin, ils se prenaient les uns les autres pour des Viets !

Et puis, profitant d'une ligne droite dans la steppe, il avait appris à Benjamin comment on peut, quand on roule à bonne vitesse, si on sait bien placer sa tête et prendre la brise, faire tenir son casque en lévitation, sans jugulaire, sans qu'il touche le crâne, uniquement soulevé par le vent.

Maintenant, les habitants du poste étaient rentrés. Le pays semblait vide et neuf. Une cigogne attardée traversait le ciel de son vol puissant et silencieux.

Le médecin sursauta quand une main se posa sur son épaule. C'était le commandant du poste, un enseigne d'active, tout jeune sorti de l'Ecole Navale. Un grand garçon efflanqué, à l'air timide.

– Fachs, dit-il en se présentant avec un sourire cordial, Bienvenue à bord. Avez-vous fait bon voyage ?

– Mon nom est Benjamin... J'admirais le panorama, vous avez d'ici une vue imprenable.

[7] Supplétifs armés comme les harkis et placés sous les ordres d'un sous-lieutenant commandant la Section Administrative Spécialisée.

– C'est véritablement une vue imprenable. Nous espérons que le poste l'est aussi. Voyez, à cette heure, vous pouvez encore apercevoir la mer, là-bas, et même les îles Zafarines. De l'autre côté, les montagnes, c'est le Filaoucène. En face, au Maroc, au-delà du barrage [8], ce gros douar c'est Oujda. C'est là que sont les centres d'entraînement des fells. Et le long du barrage, tous nos petits postes de chouff [9] qui ne sont pour la plupart occupés que la nuit. Voulez-vous un rafraîchissement ? Une pils, un coca ? Le tout bien tiède. Nous n'avons pas de réfrigérateur.

Benjamin apprécia le vouvoiement car il avait pris pour règle de ne pas tutoyer les camarades d'active. C'était une sorte de décision secrète et irrationnelle et tout allait bien ainsi.

Un quartier-maître vint avec un plateau chargé de deux verres et des boissons.

– Notre maître d'hôtel s'appelle Leduc.

– Celui du carré de Beraoun s'appelle Baron.

– C'est pour cela que nous avons choisi Leduc. C'est plus chic. Mais voyez ! Le G.M.C. [10] et le 4 x 4 reviennent avec la section. Catalan est avec eux. C'est un enseigne, un appelé qui vient de la Marmar [11]. Nous sommes deux ici. Avec vous nous serons trois. Au poste il y a une section de fusiliers-marins avec une harka [12].

Fachs déboucha les bouteilles de pepsi et versa le liquide brun et mousseux dans les verres. Benjamin en y goûtant crut boire du thé trop sucré. Ils s'approchèrent du muret et le chef de poste resta un long moment sans parler, contemplant ce paysage pour lui familier.

Son regard parcourut l'horizon, puis, secouant légèrement la tête, il dit :

– Je crois que c'est fini.

[8] Ouvrage défensif de l'Armée Française, comportant des réseaux de barbelés, des champs de mines et des pistes de surveillance édifié le long de la frontière marocaine et destiné à empêcher les franchissements de rebelles vers l'Algérie.

[9] Poste de guet et de surveillance.

[10] Camion militaire d'origine américaine (General Motor Company).

[11] Marine Marchande.

[12] Unité formée de supplétifs algériens.

Benjamin le dévisagea avec surprise et demanda :

– Fini ?

– Oui, fini ce soir. Vous n'entendez pas ce silence ?

– En effet, il n'y a aucun bruit. Mais pourquoi cette question ? Pourquoi ce soir ?

– Ce soir il n'y a plus de chiens dans ce pays. La section, depuis deux jours, est allée les abattre tous. Hier j'ai commandé l'opération. Aujourd'hui c'était le tour de Catalan. Je crois qu'il a achevé le travail. Vous savez, il était impossible de bien conduire les opérations de nuit avec ces chiens qui font le guet et qui hurlent et aboient à notre approche. Et puis il y a eu la mort de Gilbert, celui que vous remplacez.

– Celui que je remplace ? Le Pacha [13] de Beraoun ne m'a pas dit pourquoi il m'envoyait ici.

– Je vais vous l'expliquer. Nous avions ici un quartier-maître infirmier qui était un brave type mais un peu braque, un peu plus braque que nous tous. Depuis quelques semaines il s'était mis dans la tête que les fells d'en face, que nous allumions chaque soir, avaient, plus que nos gars, besoin d'un infirmier et cette idée lui avait échauffé le crâne. Avant hier soir il a bouclé son sac, brûlé devant ses camarades un paquet de billets restant de sa solde et, au milieu de la nuit, il a filé vers le barrage pour passer au Maroc. Les harkis du chouff n'ont pas pu l'intercepter. Nous lui avons couru après mais il avait bien trop d'avance. Quand il est arrivé à Agerda, juste avant les premiers champs de mines, les chiens du douar se sont mis à aboyer comme des fous et à le poursuivre. Du coup, il a été pris de panique, il a perdu son plan de route et ils ont sauté, trente mètres plus loin, lui et deux chiens. On a retrouvé aussi l'échelle double qu'il avait emportée pour passer les réseaux haute-tension et qu'il avait perdue en chemin. De toutes manières il n'aurait pas franchi le barrage mais sans les chiens nous l'aurions récupéré sain et sauf. Alors, il nous fallait le remplacer ici par un médecin qui puisse calmer les esprits les plus excités et imposer son autorité après cette affaire. C'est pourquoi vous êtes avec nous ce soir et c'est aussi pourquoi nous nous sommes décidés à tuer tous les chiens.

[13] Commandant dans la Marine.

On entendait maintenant le ronflement des moteurs qui peinaient dans le raidillon du dernier virage. Fachs, comme s'il voulait chasser les idées sombres qui l'habitait, raconta sans transition :

– Savez-vous que, il y a six mois, nous avons inauguré la citerne de cinq cents litres, que le G.M.C. allait remplir tous les matins au point d'eau et qui avait sa place derrière le mortier de 81, au centre du poste. Avec cette citerne, la harka avait presque l'eau courante. Le lendemain, il y avait une grande flaque sous la citerne et deux trous dans la paroi d'où gorgeaient encore quelques gouttes. Nous avons cru à une espièglerie des enfants. Le second maître Yann a calfaté les brèches. Le surlendemain, les trous étaient béants et l'eau de nouveau repandue. Ce n'était pas une plaisanterie mais plutôt un refus. Nous ne savions pas encore déchiffrer le message mais quelque chose nous alertait dans le fait que personne, parmi les familles des harkis ne prêtait attention au grand bidon de tôle comme s'il n'avait jamais existé. Si bien qu'un jour nous l'avons redescendu à Agerda et nous n'y avons plus pensé. C'est longtemps après que Catalan m'a dit, en revenant de la source, qu'il croyait avoir deviné pourquoi la citerne ne faisait pas l'affaire : toutes ces femmes qui vont puiser l'eau le matin et quelquefois aussi le soir, se voyaient privées de leur promenade et de leurs bavardages quotidiens. Elles restent souvent, avant de pouvoir se servir, de longs moments à attendre avec leurs compagnes que la pompe ait rempli les cruches des âniers des villages alentours et ce sont alors des conversations animées qui se prolongent ensuite quand leur troupe bruyante remonte vers le poste. C'est au point d'eau qu'elles rencontrent leurs cousines du douar voisin, qu'elles échangent les derniers commérages et que se répandent les nouvelles du jour. La source est aussi, je crois, une arme de guerre que nous contrôlons mal, autant pour la transmission des renseignements que pour le transit du petit matériel. Nous y avons tout de même placé un harki de garde, sans grande conviction.

Après un bref silence, il reprit le fil de ses pensées :

– Quand nous en avons eu fini avec les chiens de Fatoum, nous nous sommes séparés et chacun des groupes a pris la direction d'un douar. J'ai entendu quelques rafales dans la matinée. Nous n'avons de la journée rencontré aucun troupeau. A l'entrée du douar de Tarnada, il y avait justement un vieux chien qui dormait à l'ombre d'un mur. Pauvre klebs ! Dans le douar, pas de chien. Il a fallu les chercher dans les mechtas, les débusquer, les poursuivre, les arracher aux bras de leurs maîtres. Au fur et à mesure que nous en avions tué davantage, notre hâte d'en finir faisait que nous mettions plus de détermination et plus d'acharnement dans notre travail. Et puis le soir est tombé. Le GMC est venu nous récupérer sur la piste de Nador. Les autres groupes étaient déjà rentrés. Dans la nuit nous avons entendu aboyer quelques survivants, il restait à les éliminer aujourd'hui. Je crois bien que c'est chose faite.

Les deux véhicules avaient franchi le porche. Le GMC débâché et le 4 x 4 stoppèrent sur la place, aussitôt entourés par les enfants des harkis, appelant l'un, tiraillant le treillis de l'autre, joyeux comme chaque soir. Les fusiliers marins débarquèrent le matériel, les sacs de ravitaillement, les armes, les chargeurs vides. Certains s'étaient déjà débarrassés de leur chasuble, le chapeau de brousse rejeté en arrière sur la nuque, les treillis, les verts comme ils disaient, couverts de poussière et de sang. Le groupe silencieux se dispersa vers les mechtas, laissant les enfants inquiets et déçus.

Une silhouette se détacha du groupe et vint vers eux. C'était Catalan, le second venu de la Marmar. Il avait un visage sec, un regard brûlant et il portait en travers sur sa poitrine une carabine US à la crosse garnie d'une trousse de toile pour les chargeurs. Sa tenue était d'un vert élimé, ses pataugas avachis et l'étui de son PA pendait à un ceinturon racorni. C'était sa coquetterie à lui, comme de ne jamais mettre de casquette. Il s'approcha, la tête légèrement inclinée vers l'épaule droite et il nous parla d'une voix sourde :

– Nous avons bien fait de ne pas y envoyer les harkis !

Et il rentra au carré. Fachs le suivit du regard, hésitant à l'accompagner, puis, se tournant vers Benjamin :

– C'est une mauvaise journée et une journée bien dangereuse.

Le médecin éprouva une étrange impression de détachement, certain que ces événements ne le concernait pas. Il ressentait seulement une horreur indifférente pour ce qui se passait, comme chaque soir lorsque la nuit s'ouvrait sur la banalité de la mort. L'éclat des lampes à pétrole éclairait les étroites fenêtres des mechtas. Maintenant, des bruits de voix venaient du côté de la cambuse. On entendait des bribes de phrases envoyées par des bouches pleines.

– Si tu avais vu ! Trois j'en ai descendu, trois d'une seule rafale ! Je les avais attachés ensemble pour ne pas disperser le tir, à cause des gosses. Il y en a tout de même un qui m'a mordu.

C'est alors qu'un cri partit d'un des miradors.

– Khelib !

Puis de nouveau le cri répété :

– Khelib ! Chouf khelib !

Fachs saisit Benjamin par le bras et l'entraîna vers la tour Est.

– Un chien ! Mustapha a aperçu un chien !

Un fusilier en maillot, sortit de sa mechta et lança au guetteur :

– Fein ? Où ? Où ?

– Là-bas ! Près de la source, il vient vers nous. Il est vivant !

En quelques secondes, tous les habitants du poste s'étaient précipités du côté qui surplombait le ravin. Fachs et Benjamin les avaient suivis, entraînés par la course désordonnée des enfants, des fusiliers-marins, des harkis et des femmes qui poussaient des cris aigüs et frappaient dans leurs mains en cadence. Penchés au bord de la murette, les premiers arrivés se montraient du doigt quelque chose dans la rocaille brune, loin, en bas, dans le crépuscule.

Le médecin et le chef de poste se firent un passage et eux aussi virent ce que les autres voyaient. Un chien de berger, roux, de l'espèce la plus puissante de ces bêtes matinées de chacal, venait vers eux, à bout de forces, en rampant parmi les rochers. Trois matelots s'étaient resaisis avant les autres et, franchissant le porche, dévalaient maintenant le versant escarpé suivis bientôt par d'autres. Un long moment s'écoula, puis un silence se fit. Quatre fusiliers-marins franchissaient l'arche, portant le chien sur une sorte de civière faite de treillis noués ensemble, accompagnés par le groupe attentif et inquiet qui s'était formé autour du proche. Puis, le chien fut déposé au milieu de la place. Couché sur le flanc droit il paraissait énorme, le souffle haletant, le museau englué de sang. Ses yeux étaient entrouverts.

Un second maître, sans quitter l'animal du regard dit alors :

– Monsieur le Médecin, celui-là, il ne doit pas mourir. Il veut rester avec nous.

Chapitre 2

El aroussa - Mercredi 12 avril 1961

Benjamin avait soufflé la lampe à pétrole. L'odeur grasse de la mèche éteinte se mêla un instant à celle de la fumée de la pipe que Catalan tétait distraitement, tout accaparé par la partie d'échecs entamée une heure plus tôt, après dîner, et que tous deux allaient poursuivre dans la pénombre en attendant que leurs yeux se soient adaptés à la nuit. Le ciel blafard diffusait la pâleur d'une lune pleine mais invisible derrière les nuages.

Dehors, deux groupes de cinq hommes chacun se préparaient à sortir en embuscade et on entendait alentour les voix des officiers-mariniers et des harkis qui plaisantaient en prenant le frais. Le grondement lointain des tirs d'artillerie ponctué par l'éclat des éclairants faisait comme un orage permanent.

– Échec à la dame, lança Catalan en plaçant un fou en bonne place. Vous contrerez au retour. Il est l'heure de partir.

Le médecin était quelquefois invité à l'embuscade du soir. Départ à 23 heures, retour à 3 heures. Il barbouilla son visage de cendre comme le lui avaient appris les harkis, enfila sa chasuble [1] garnie des huit longs chargeurs d'acier et décrocha la MAT 49 du râtelier. C'était un pistolet-mitrailleur à la culasse noire polie par le temps. Il engagea un chargeur qu'il rabattit sous le canon, puis rejoignit dehors l'officier en second qui avait passé sa carabine US à son cou, ajusté son ceinturon tout en allant vers ses hommes qui l'attendaient assis par terre, le dos appuyé au mur encore tiède.

Le chien ralentit son trot silencieux et vint près d'un des officiers mariniers dont il flaira attentivement les pataugas à la grande joie de ses camarades.

– Voilà Sidi ! D'où sors-tu à cette heure, grosse bête ?

[1] Harnais de poitrine dans lequel sont disposés les chargeurs d'armes automatiques.

Le vigoureux animal s'était rétabli en moins d'une semaine et dès qu'il avait pu tenir sur ses pattes il avait participé à toutes les sorties de jour, d'abord dans le véhicule d'accompagnement puis avec les patrouilles de routine. Jamais il n'avait manifesté la moindre rancune vis-à-vis des fusiliers-marins mais bizarrement il semblait détester les harkis et tout ce qui n'était pas l'équipage. C'est pourquoi il était devenu irremplaçable pour la surveillance des PIM, ces « prisonniers internés militaires » qui étaient retenus au poste pour enquête pendant quelques jours.

– C'est quoi, ça, Kader ? lança Catalan en s'approchant des silhouettes accroupies.

Le harki se leva prestement, imité par les quatre autres qui s'alignèrent face à l'enseigne, faisant claquer d'un geste sec la culasse de leur arme.

– C'est la guerre, ça, Madame !

La réponse de Kader à Catalan avait la première fois surpris le médecin. Et puis ce cri de ralliement l'avait presque ravi par sa répétition au fil des soirs.

– Qu'est-ce qu'on fait maintenant ? cria l'officier en second.

– Maintenant, on saute !

Et chacun de sautiller sur place pour détecter le moindre cliquetis de l'équipement.

– Et après qu'est-ce qu'on ne fait pas ?

– On ne tousse pas ! On ne crache pas ! On ne fume pas !

– Tout est paré !

Le radio surgit de l'ombre d'une coursive.

– Lieutenant, vous êtes encore là, j'ai un message de Martinprey [2]. Ils veulent vous parler directement.

– J'y vais.

[2] Poste PC de la Compagnie.

Quand Catalan revint après quelques minutes il paraissait préoccupé. Il donna rapidement aux hommes l'ordre d'annuler l'embuscade. Il passa près de Benjamin :

– Attendez-moi au carré, je vais prévenir Fachs.

– Je peux allumer la lampe ?

– Bien entendu. Ainsi, vous verrez mieux votre reine.

Benjamin fit craquer une allumette, ôta le verre de la lampe à pétrole et éclaira la mèche. Après avoir replacé le verre il régla la hauteur de la flamme avec la molette, savourant ce simple cérémonial. Au fond de lui-même, cette embuscade annulée ne lui déplaisait pas. Les premiers soirs il avait éprouvé de la curiosité et même du plaisir, tapi au creux d'un buisson, face aux incertitudes pâles d'un oued desséché, immobile, scrutant le contour noir des crêtes, à l'affût du plus petit crissement, de l'ombre la plus furtive. Maintenant, il lui semblait que ce jeu se répéterait identique à chaque sortie, sans aucune variation que celle du vent dans les arbres ou des caprices des nuages devant la lune. Et aussi Fachs lui avait raconté comment Catalan quelques semaines auparavant avait tué son premier fell. Une nuit comme les autres, au fond d'un oued. Rien jusqu'à 2 heures 50. Sur la crête dont l'ombre obscure se découpe sur le ciel semé d'étoiles, deux arbustes sont là. A l'instant il n'y en avait qu'un. Celui de droite ou celui de gauche ? Catalan vise celui de gauche. Il tire. L'arbuste s'effondre.

La porte du carré s'ouvrit brusquement sur Fachs suivi de son second.

– Il se prépare quelque chose de l'autre côté, dit le chef de poste en s'adressant à Benjamin. Les chouffs sur le barrage et les gars de Martinprey sont d'accord sur ce point. Mais nous ne savons ni quand ni où ça va nous tomber dessus. Toute la journée des camions ont débarqué plusieurs ferkas [3] dans les camps d'entraînement du Maroc avec du matériel, des mausers, des mitrailleuses MG 34 et des dizaines de fells en plus de ceux qui s'y trouvent déjà. Ce qui est curieux c'est que la herse n'a rien remarqué. Ce qui l'est encore davantage c'est que plusieurs messages en anglais ont été interceptés par la base de Martinprey et Swindenamer, notre

[3] Unités de fellaghas.

radio, en a reçu lui aussi plusieurs ce soir sans rien comprendre à ce qui se disait.

La herse désignait le dispositif de blindés qui parcouraient jour et nuit la piste située dans l'axe du barrage, l'obstacle comme on l'appelait. Cette piste partait de la mer et descendait jusqu'à cinq cents kilomètres au Sud en plein Sahara, flanquée côté Maroc et côté Algérie de réseaux électrifiés à haute-tension et de champs de mines. Les half-tracks de la herse se faisaient attaquer chaque nuit au bazooka. Ces actions limitées servaient d'entraînement au feu pour les rebelles et maintenaient le moral de leurs troupes. Depuis deux nuits la herse n'avait pas été attaquée dans la zone. La seule alerte avait été provoquée par un faux franchissement. Il s'agissait d'un troupeau de moutons conduit par une fillette et qui avait fait exploser une dizaine de mines sur son passage.

– L'important est que nos chouffs soient alertés et qu'ils puissent se replier sur le poste en temps voulu. Le PC de Llabador est prévenu et la Base de Mers el Kebir [4] aussi. Si une opération raquette doit être mise en place nous serons les premiers informés.

Catalan attira vers lui une chaise qu'il enjamba pour s'installer face au dossier, tourné vers la table. Il vida sa pipe, en racla le fourneau avec le manche d'une cuillère puis la bourra de tabac tout en observant attentivement l'échiquier, étudiant la meilleure manière de contre-attaquer.

– Mais, vous n'avez pas joué. C'était à vous !

– Je vous attendais, répondit le médecin et il déplaça un cavalier. Voici : échec au roi. Ma reine est tirée d'affaire.

– Vous voulez dire échec et mat. Oui, mon roi est mort. Vous savez, mort se dit mat en arabe.

– C'est vrai, je n'avais pas vu le mat.

– A demain la revanche ! Catalan allait sortir quant il se tourna vers le médecin et ajouta : Nous venons d'apprendre qu'un Russe a fait ce matin le tour de la Terre dans un satellite artificiel. Il s'appelle Youri je ne sais comment. La radio vient de l'annoncer.

– A demain !

[4] Commandement Marine en Algérie.

Benjamin quitta le carré et, dans la nuit tiède vibrante du crissement des grillons, il traversa la cour pour gagner sa mechta au pied du mirador Ouest. Au moment d'entrer il entendit une voix chuchotée qui l'appelait :

– Monsieur le Médecin !

C'était Mustapha qui était de veille et qui réclamait son quart d'heure de conversation.

Benjamin gravit l'échelle de fer et s'accroupit à côté du harki sur l'étroite plate-forme encombrée par la mitrailleuse 12,7 et par les bandes luisantes des chargeurs. Mustapha offrit des amandes fraîches puis laissa s'écouler un long instant comme pour préparer son discours.

Le médecin commençait à connaître la manière de son hôte, aussi resta-t-il silencieux, attentif au récit qui se préparait, observant l'autre à qui ses yeux bridés et sa fine moustache aux pointes dressées donnaient un air vaguement méphistophélique.

– Tu vois, Monsieur le Médecin, même le lieutenant ne croyait pas Mustapha. Tu as déjà entendu le chacal la nuit. Le chacal suit le chasseur et marche sur sa trace pour prendre le gibier blessé et pour le manger après. Le chacal suit le fell comme il suit le chasseur, à cent mètres de distance. Quand tu entends le chacal la nuit et que tu es certain de la direction de sa course, ce n'est pas difficile, tu tires à cent mètres devant lui et tu descends le fell. J'ai dit ça au lieutenant et il ne m'a pas cru. Alors, une nuit, j'ai entendu le chacal du côté de Benlouassine et qui allait vers Nador. J'ai vidé le chargeur de la 12,7, à cent mètres devant lui et le lendemain matin on a trouvé le fell qui était bien mort mais le chacal en avait mangé la moitié. Tu vois, Monsieur le Médecin, il faut toujours croire Mustapha.

Et le harki éclata d'un rire sonore, faisant luire dans l'ombre ses dents qui étaient toutes en or.

Benjamin regagna sa mechta. Comme chaque soir, il grimpa par l'escalier de terre battue sur la terrasse qui tenait lieu de toit et se coucha à plat dos sur le torchis rugueux et tiède. Le vent du soir avait balayé les nuages et la lune était couchée derrière les crêtes. Il resta un long moment les yeux perdus dans le noir du ciel piqué de mille étoiles. Lentement la myriade de points scintillants semblait s'ordonner devant lui, drapée dans l'écharpe divisée de la voie lactée, remplissant le fond zodiacal de constellations familières. Au zénith brillait Véga, diamant magique avec la couronne de la Lyre et, à un empan vers le Nord, le zig-zag éclatant de Cassiopée. Près de lui, nettement, dans l'extraordinaire limpidité de la nuit, la lividité mystérieure d'Andromède et plus loin, le phare rouge d'Altaïr.

Il demeurait immobile, comme écrasé par le silence de cette formidable immensité. Un rai de lumière traversa lentement le ciel, suivant une trajectoire bien droite, puis s'éteignit au voisinage de la Grande Ourse. C'était le satellite Echo, ponctuel messager des hommes dans le vide sidéral. Un frisson parcourut Benjamin. Il descendit dans sa chambre et installa à tâtons sa moustiquaire. Il brancha son rasoir électrique afin d'être réveillé par son ronronnement le matin au démarrage du groupe électrogène qui ne fonctionnait que de sept heures à huit heures et glissa un coup d'œil sous son lit où avaient été entreposées les caisses de roquettes en attendant que l'armurerie soit aménagée.

Le grondement de quelques explosions très lointaines accentuait l'impression de calme et de sérénité qu'il éprouvait au moment de s'endormir. Il appela à lui l'image des êtres aimés, ses parents, son épouse, ses enfants et sombra avec eux dans le sommeil.

Chapitre 3

El Aroussa - Mercredi 19 avril 1961

C'était l'heure la plus brûlante de la journée. Le soleil écrasait de sa chape éblouissante le paysage immobile. Ils étaient partis une cinquantaine, presque tous les occupants du poste d'El Aroussa et ils allaient en file indienne le long du sentier qui descendait en serpentant vers la gorge.

Catalan, qui commandait la harka, marchait en tête, suivi du radio dont la longue antenne oscillait à chacun de ses pas. La harka venait derrière, puis la section [1].

L'alerte avait été donnée une demi-heure plus tôt à un chouf de la frontière marocaine par un informateur averti du passage entre Nador et Bab el Youdi, donc tout près d'El Aroussa, d'un groupe de rebelles qui se dirigeait vers l'est. Il n'avait pas été possible de savoir de combien d'hommes il s'agissait ni de quel armement ils disposaient. Le P.C. de Beraoun et celui de Nemours avaient aussitôt déclenché une opération de bouclage et, à cette heure, l'effectif presque complet du deuxième bataillon de la DBFM [2] convergeait vers le point de franchissement pour former un grand cercle qui viendrait envelopper la zone de chasse.

Benjamin marchait parmi les derniers, la bretelle de son appareil de photo passée dans le ceinturon. Son pistolet dans sa gaine usée aux arêtes, battait sa hanche droite à chaque pas.

Les larges poches de cuisse du pantalon étaient bourrées du matériel de pharmacie qu'il emportait dans tous ses déplacements. Il avait établi un inventaire du nécessaire et était parvenu à emporter en opération l'équivalent d'une infirmerie de campagne, petite chirurgie comprise.

[1] Unité de vingt-cinq fusiliers-marins, matelots et officiers mariniers.

[2] Demi-brigade de fusiliers-marins.

Les fusiliers-marins s'étaient d'abord inquiétés de le voir partir dans le djebel avec pour tout matériel apparent son Foca Sport, mais ils avaient bientôt reconnu que sur le terrain les soins étaient assurés grâce au seul contenu des poches de leur médecin. Celui-ci, avec son goût pour l'économie, avait remarqué que les maladies et les blessures de ces gaillards bien portants se réduisaient à peu de choses. Au moment du départ, il y avait le mal au ventre qu'éprouvaient non seulement les plus jeunes mais aussi certains des plus aguerris et qui était oublié dès la sortie du poste. En cours d'accrochage, avant même le premier coup de feu, c'étaient les chutes qui mettaient à terre les hommes trop occupés à ajuster leur tir pour regarder où ils posaient leurs pas. Pour le reste, en cas de coup dur, il fallait ne pas rester sur le terrain et donc, au plus vite, évacuer les blessés. C'est pourquoi Benjamin se tenait, quand il le pouvait, près du radio afin de faire appel au plus vite aux hélicoptères de l'Evasan [3].

Loin devant lui, il reconnaissait Mustapha qui allait sur ses jambes arquées, la cartouchière en bandoulière, le MAS 36 [4] posé en travers de ses épaules. La poussière rousse cédait en crissant sous les talons, à chaque pas, faisant rouler les pierres.

Ils passèrent près du point d'eau gardé par un harki où quelques femmes, en bavardant, attendaient de remplir leur cruche.

La pente s'adoucit quand les hommes atteignirent en contre bas la plaine qui formait une étendue caillouteuse, à peine bosselée, figée par la lumière. Parvenus au bas de la pente, ils dérivèrent vers la droite en une chaîne oblique, puis, rectifiant leur alignement pour se placer à une portée de voix les uns des autres, ils accordèrent leur allure pour former la ligne de ratissage.

Trois harkis étaient allés de l'avant, en voltigeurs, devançant les autres d'une centaine de pas.

Benjamin avait rabattu sur son front le bord de son chapeau de brousse tant la réverbération était éblouissante et il allait sous le soleil, envahi par le plaisir que lui apportait l'immensité des grands espaces où le regard et les pas pouvaient errer sans limites.

[3] Évacuation Sanitaire.

[4] Fusil de la Manufacture d'Armes Saint-Étienne, modèle 1936.

Il avait confié en partant à son infirmier la charge de soigner les malades qui viendraient comme chaque jour renouveler leur traitement. Cet infirmier était un jeune harki à peine âgé de 17 ans. Il avait fui avec sa famille le village de Hounda quand son père, ancien combattant des Forces Françaises Libres, avait été égorgé par l'Armée de Libération Nationale Algérienne lors de la reprise en main « psychologique » de 1958. Dès son arrivée à El Aroussa, sa curiosité et son efficacité l'avaient désigné tout naturellement pour servir à l'infirmerie du poste. C'était un grand garçon discret, aux allures nonchalantes, doué du rare talent d'apparaître quand on avait besoin de lui et de se fondre dans le village dès qu'il ne se sentait plus indispensable.

Alors qu'ils atteignaient le sommet d'une petite butte, les harkis d'avant-garde s'accroupirent soudain, l'arme posée sur le sol. Les hommes, derrière eux, aux aguets, avaient arrêté leur progression. Quelques secondes s'écoulèrent, puis l'un des voltigeurs s'élança en courant et disparut derrière le talus, bientôt suivi par les deux autres. Ils reparurent presque aussitôt, entourant un vieil homme barbu, vêtu d'une djellaba blanche, qui parlait en gesticulant tout en se dirigeant d'un pas rapide vers Fachs. Celui-ci était venu à sa rencontre. Arrivé à quelques pas de l'enseigne [5], le chibani [6] se figea au garde-à-vous et, d'un large mouvement du bras il porta sa main ouverte vers son turban, salua l'officier puis, sans reprendre son souffle, articula d'une voix chaude et vibrante :

– Commandant [7], ils sont sept. Ils se dirigent vers Tarnada ou Ajeija. C'est là qu'on les a vus. Ils sont tous armés, probablement de fusils d'assaut chinois.

Fachs avait rendu son salut au vieux berbère qui déjà s'éloignait pour regagner son douar.

– S'ils vont vers Tarnada, ils sont pour nous, dit-il et il ordonna aussitôt au radio de communiquer le renseignement aux autres unités afin d'ajuster le dispositif du bouclage.

Une excitation silencieuse avait gagné les hommes qui reprirent leur avance en inclinant la direction du ratissage vers l'est au gré du relief déjà plus accentué au-delà de la plaine.

[5] Officier de Marine équivalent au Lieutenant.

[6] Vieil homme.

[7] Dans la Marine, tout officier chef d'unité est appelé Commandant.

Le ronronnement d'un moteur qui grandit rapidement leur fit lever la tête. Un vieux T 6 aux ailes en W, survivant de la Guerre du Pacifique, passa en grondant à faible altitude. Sans doute allait-il lâcher des tracts sur les camps d'entraînement rebelles, au Maroc, du côté de Oujda.

La steppe avait fait place à un maquis de câpriers et de pistachiers dont les massifs désordonnés rendaient la progression difficile. Benjamin avait rejoint le chef de poste qui lui demanda de nouer son foulard jaune à son épaule droite et de faire passer l'ordre. Le rituel réglementaire du foulard coloré, un jour rouge, ou vert, ou bleu, un autre blanc ou jaune, noué tantôt à l'épaule droite ou à l'épaule gauche, était en principe destiné à identifier les combattants des deux camps, souvent vêtus du même uniforme, mais les fells avaient vite fait de copier sur le terrain la marque distinctive de leurs adversaires et le signe de reconnaissance ne servait alors qu'à aggraver la confusion.

Plus loin, le médecin dépassa un harki qui, accroupi, son PM entre les genoux, débouclait sa chasuble pour passer son foulard sous la patte d'épaulette. Benjamin poursuivit sa route, contournant les arbustes tout en essayant de garder le bon cap et de ne pas s'éloigner des autres. Il avait marché à peine un quart d'heure dans un épais maquis, quand il vit devant lui une pente légère. Bientôt un talweg [8] se creusait devant lui, borné à droite et à gauche par un escarpement abrupt qui allait s'élevant au fur et à mesure qu'il progressait. Un étrange sentiment de solitude l'envahit. Il arrêta ses pas et, retenant son souffle, chercha en vain à entendre des bruits de pas ou de voix. Il poursuivit alors son chemin, troublé par le silence qui l'entourait, préoccupé à l'idée que les autres pouvaient avoir dévié vers un autre vallon ou qu'ils avaient peut-être rebroussé chemin. Il était tout occupé à chercher sa route quand il entendit dégringoler des cailloux derrière lui. Le chien s'était invité à la promenade et avait sans peine retrouvé sa trace. A peine s'était-il retourné que Sidi l'avait rejoint. La pensée qu'il n'était plus seul lui fit du bien.

Il reprit sa route dans le vallon qui devenait sinueux, barré ça et là d'éboulis instables qu'il lui fallait franchir en les escaladant. Soudain, parvenu à un coude que formait la gorge à cet endroit très étroite, il entendit un clapotis et il vit devant lui les flots jaunâtres d'un oued, large d'au moins vingt pas et dont le courant gonflé par

[8] Vallon.

la crue, entraîné par la pente rapide, inclinait des touffes de coloquintes qui s'agitaient parmi les éclaboussures boueuses. Le chien, attentif au bord des remous, guettait la décision de Benjamin. Revenir en arrière ? Mieux valait suivre la berge en cherchant un passage moins difficile pour atteindre l'autre rive. Benjamin prit donc à droite, suivant le bord, pataugeant dans les flaques.

Il faillit presque se heurter au harki tant il était occupé à choisir la bonne place où poser ses pas. C'était Taleb qui s'était égaré lui aussi et qui cherchait en allant vers l'amont un gué qu'il disait bien connaître. Ils partirent donc tous deux refaisant à contre-courant le même chemin, dépassant la gorge pour parvenir jusqu'à un rapide d'où l'oued se précipitait avec bruit. Au-delà du rapide, un lac s'étalait, ou se voyaient quelques remous.

Les hommes de la harka et de la section étaient là qui les attendaient. Tous étaient dévêtus. Fachs en caleçon de toile blanche les interpella en riant :

– Vous n'êtes pas les seuls à vous être perdus, mais vous êtes les derniers arrivés ! Mettez vous vite en tenue légère ! Nous allons passer ensemble. L'eau est moins profonde ici mais nous en aurons tout de même jusqu'à la ceinture. Voyez, Sidi a déjà renoncé, il m'a tout l'air de retourner au poste.

Tandis qu'il parlait, une douzaine d'hommes et de femmes, chargés de ballots multicolores, avaient atteints la berge, venus par la piste de Nedroma. C'était jour de marché à la ville sainte. Eux aussi allaient passer le gué. Sans perdre de temps, ils se dispersèrent et disparurent derrière les épais buissons. Puis, presque aussitôt, ils surgirent nus, portant leurs colis posés sur leur tête, le visage dissimulé par un châle ou un burnous enroulé. Ils s'engagèrent bravement dans l'eau trouble, certains plongés jusqu'aux aisselles, leur marche ralentie par le courant obstiné qui les poussait vers l'aval.

– Ils sont plus astucieux que nous ! expliqua Fachs. Pour se montrer nus, ils cachent leur visage afin de ne pas être reconnus. Ils sont aussi plus malins que nous qui cachons le reste en baignant nos caleçons. Et prenez garde à vos lunettes, Toubib !

C'était maintenant le tour des harkis, suivis de la section. Equipements et arme portés à bout de bras, Benjamin s'avança comme les autres dans la boue visqueuse du bord où mouraient les vaguelettes. L'escarpement de la berge le jeta brusquement en eau profonde et il manqua de tomber en avant, surpris par l'eau trop froide. Ses pieds nus cherchaient sur le fond à éviter les grosses pierres et il n'était pas à mi chemin que déjà l'engourdissement glacial envahissait ses jambes. Il fit effort pour avancer malgré le flot qui le chassait sur le côté. Quand il atteignit l'autre rive, la plupart étaient déjà occupés à se rhabiller tout en échangeant des plaisanteries sur leur bain forcé. Puis tous s'étaient regroupés pour la pause au bord de la piste alentour d'un amas de rocaille.

Quand il eut à son tour revêtu ses vêtements, Benjamin regarda ces hommes avec surprise et curiosité. Tous étaient immobiles, en un groupe qui paraissait irréel tant l'ensemble qu'ils formaient semblait construit pour l'éternité. Etrangement, alors que si souvent il avait vu leur visage ou reconnu leur silhouette, le temps d'un éclair, il lui sembla observer des personnages nouveaux. Taleb se tenait assis dans la poussière, en tailleur, son MAS 49 posé sur les genoux. Sa face était ronde avec un nez épaté et des lèvres retroussées et, de chaque côté de la bouche, des plis profonds. Ses yeux étaient presque fermés sous la poussière. A côté de lui, Abdallah, les mains sur sa chasuble, qui formait un corset rigide, avait gardé sa MAT à la bretelle. Son visage de flibustier était barré sur la joue gauche d'une cicatrice oblique qui filait de l'oreille au menton. Ahmed, assis à croupetons, restait avec les avant-bras étendus sur les genoux, les mains posées sur le calibre 12 de chasse, un brin de paille entre les dents. Tels des naufragés oubliés par le ressac, ces hommes étaient groupés sur les rochers, hiératiques dans ce décor figé, le regard perdu dans leurs rêves.

Peu après la troupe reprit sa marche. Le quartier-maître radio avait établi le contact avec le P.C. Les autres unités engagées dans l'opération Raquette [9] achevaient l'encerclement et deux groupes de renfort de l'Armée de Terre avaient été appelés pour soutenir le dispositif vers le barrage. Il s'agissait maintenant d'opérer la jonction avec les unités voisines pour refermer le piège sur le groupe des rebelles.

Les hommes se disposèrent en ligne de front et s'avancèrent vers la vaste plaine presque désertique qui s'étendait maintenant jusqu'à l'horizon.

[9] Allusion à la forme générale du dispositif d'encerclement.

Ils avaient parcouru une dizaine de kilomètres, espaçant progressivement leur distance, quand le radio avait repéré les harkis du 3e Bataillon sur la gauche mais ils étaient encore hors de vue. A droite, les hommes de Nador étaient eux aussi plus loin. Il fallut une demi-heure de marche pour fermer le bouclage.

– Drôle d'idée pour les Fells de s'être fourrés en plein jour dans ce bled pelé et plat comme la main ! C'était la remarque du quartier-maître radio.

– Là-bas ! Je les vois.

Catalan passa ses jumelles à Fachs et courut vers le radio. Le groupe avait établi le contact.

Benjamin cligna des paupières dans le soleil. Il voyait la steppe vide.

– Ils fichent le camp devant nous. Ils n'iront pas bien loin. Ceux d'en face vont les voir venir.

Sans se concerter, les hommes avaient pressé le pas, scrutant le lointain agité par la vibration trouble de la chaleur. Ils étaient si attentifs à leur avance qu'ils n'entendirent pas arriver le canot du ravitaillement qui devait les rejoindre en fin d'après-midi. Fachs expliqua en quelques mots la situation à l'équipage qui, sans arrêter le moteur, sauta à terre, remplacé par Catalan, deux harkis et d'un quartier-maître armés d'une mitrailleuse AA52. La jeep démarra et fila en ligne droite, aussitôt cachée par la poussière qui tourbillonnait derrière elle. Quand elle ne fut plus qu'un point à l'horizon, Benjamin la vit décrire une large courbe puis ralentir. Un instant plus tard la Jeep s'était arrêtée.

– Ils ont perdu le contact ! lança le radio.

Fachs coordonnait la progression des hommes dont les silhouettes, allant au pas de course formaient dans la steppe comme un collier disjoint. Étrangement, Benjamin ressentit une sorte de soulagement en entendant que les Fells avaient disparu, tant, depuis quelques heures, il éprouvait, sans bien formuler sa pensée, une gêne profonde en participant à une action où quelques rebelles étaient pourchassés par des forces adverses si nombreuses et puissantes.

Quand les hommes parvinrent à proximité de la jeep, ils allaient en demi-cercle, presque côte à côte. Catalan leva la main pour arrêter leur progression. L'Enseigne rejoint par Fachs marchait maintenant de long en large, cherchant sur le sol une trace des fuyards. Il y avait bien le douar d'El Hodna dont on apercevait les gourbis trapus aux toits plats, tapis dans une combe, mais ils étaient trop loin pour que les Fells aient pu y trouver refuge. Benjamin se disait que peut-être les Fells se trouvaient ailleurs et que ceux qui croyaient les avoir vus avaient été victimes d'un mirage. Autour de lui, il n'apercevait que la steppe, sorte de reg fait de graviers et de poussière, parsemé de pierres sèches et de quelques rochers plats avec de rares touffes d'alfa, marqué par le piétinement des pataugas et des rangers.

Pourtant, Fachs paraissait très sûr de lui.

– Il faut boucler le secteur, village compris et faire appeler l'équipe spéléo. Les Fells sont certainement sous nos pieds, dans un rayon de trois cents mètres, pas davantage.

Le soleil couchant approchait de l'horizon, projetant sur le paysage un éclat cuivré. L'encerclement était maintenant en place, fermant de son chapelet humain le large espace vide. Des renforts de l'Armée de Terre, arrivés peu auparavant, complétaient le dispositif du côté du douar. On voyait, tout autour, des véhicules de ravitaillement et des soldats qui déchargeaient les caisses, les sacs de toile et des bidons. Dans moins d'une demi-heure il ferait nuit.

Les hommes étaient maintenant pour la plupart assis sur le sable tiède, à une vingtaine de pas de leur voisin, se préparant à une longue veille. Le repas avait été distribué et on attendait que le café soit prêt. Quelques harkis, à l'aide d'une tige de fer fouillaient les fissures des rochers, cherchant à découvrir la cache.

Le chef de poste raconta au médecin comment, les mois précédents, les abris les plus extravagants avaient été mis à jour dans le secteur. Le plus souvent les cachettes étaient construites dans les villages et leur entrée creusée aux endroits les plus inattendus, sous les cendres des foyers, parmi les racines d'un arbre mort, et même à El Aroussa, sous le plancher de la cabane des laissez-passer. Le ciel s'était maintenant obscurci, traversé par les longues traînées que faisaient les nuages ourlés d'un rose éclatant et éphémère.

Les spéléos ne seraient pas là avant demain. En les attendant, il fallait rester sur le terrain, à guetter les ténèbres, sans se déplacer, pour ne pas donner de fausse alerte.

La nuit s'achevait, il était presque quatre heures. Les hurlements aigus et plaintifs des chacals cessèrent brusquement. Benjamin s'était levé de son poste de guet, détendant son corps engourdi par l'immobilité. Il eut à cet instant la sensation d'un frôlement, comme si une ombre furtive glissait sur sa droite, à quelques mètres de lui. Il resta un long instant immobile, retenant son souffle, enveloppé par le silence comme par une sphère que formeraient la terre refroidie et le ciel criblé d'étoiles. Un frémissement malsain le parcourut. Il restait là, scrutant le noir, attentif à surprendre encore le frémissement incertain. Ses mains étaient moites et il aurait voulu les secouer pour en chasser le mauvais sang qui l'empoisonnait. Il entendit alors claquer la culasse du PM de son voisin de droite.

– Vous avez vu quelque chose ? demanda Benjamin à voix basse.

– Je crois bien que quelqu'un est passé entre vous et moi, il y a quelques secondes.

L'éclat d'une torche électrique balaya les pieds de Benjamin. Fachs venait aux nouvelles, son talkie-walkie à la main. Il lança un ordre bref dans l'appareil.

Presque aussitôt les moteurs des 4 x 4 et des camions se mirent à rugir en même temps tandis que les faisceaux de leurs phares inondaient de lumière le paysage et convergeaient vers le centre du bouclage. Un éclairant éclata haut dans le ciel, éblouissant et dérisoire.

Cet embrasement soudain et le vacarme avaient fait se dresser tous les hommes dont les ombres traçaient de longues raies sombres qui s'entrecroisaient sur le sol. Deux gerboises, surprises, s'enfuirent en bondissant. Devant, la steppe était vide.

Quelques appels de voix se répondirent puis tout retomba dans l'ombre et dans le silence.

Benjamin enfila son tour-de-cou puis s'accroupit en tailleur, guettant la frange blême de l'horizon. Il attendait le lever du jour et il pourrait alors dormir pendant quelques heures. C'est à ce moment que le chant naquit comme un murmure, grave et inarticulé, semblable à la parole du vent. La vague rythmée, insistante, courait dans la nuit autour du cercle invisible des hommes rassemblés. C'était une mélopée à bouche fermée, vibrante et tragique, aux accents d'une rengaine de Piaf. Les voix aux timbres jusque là retenus s'enflèrent un instant pour le refrain puis l'hymne à la nuit s'éteignit dans les ténèbres.

Les tentes avaient été dressées sur le périmètre du dispositif et au petit jour un véritable campement s'organisait dans la steppe. Les GMC venaient livrer leur chargement tandis que trois véhicules blindés « quo vadis » [10] avaient pris position à bonne distance.

Les spéléos, aidés par les bergers allemands du peloton cynophile, arrivés tôt le matin, avaient sans difficultés découvert l'entrée de la cache. Les harkis avaient repéré deux courtes tiges de roseaux plantées verticalement à l'ombre d'une grosse pierre et qui servaient de conduit d'aération. En soulevant la lourde pierre, ils avaient démasqué un trou profond qui était juste assez large pour laisser passer un homme de carrure moyenne. L'enseigne qui conduisait la section spéléo, un réserviste, élève d'HEC, fit reculer ses hommes de quelques pas puis alla vers l'entrée de la cache. La pierre qui servait à la fermer était garnie en dessous d'un gros anneau de fer. Les mains en porte-voix, penché sur le trou béant, il lança d'une voix forte :

– Vous êtes encerclés ! Sortez de là ou nous faisons sauter la cache.

Il n'y eut aucune réponse. Un harki répéta l'appel en berbère.

L'officier laissa s'écouler quelques minutes puis, accroupi au bord de la cache il hurla :

– Sortez ou je vous fais péter la gueule. Je sais que vous m'entendez, sortez de là !

Un quartier-maître détacha une des grenades offensives qu'il portait à son ceinturon et la tendit à l'enseigne qui, empaumant la cuillère, tira vivement la goupille. Il avança la main au-dessus du trou, lâcha la grenade, puis recula de quelques pas.

[10] Ainsi nommés parce qu'ils pouvaient rouler indifféremment en marche avant et en marche arrière à grande vitesse.

L'explosion qui ébranla le sol surpris Benjamin par sa soudaineté, tandis que le trou vomissait un nuage de poussière et de fumée. Presque aussitôt, l'enseigne envoya une deuxième grenade puis fit signe aux spéléos de s'équiper pendant que lui-même endossait le harnais et ajustait la lampe frontale sur son casque.

Son PA au poing, il se laissa glisser dans la cache. Ses hommes laissèrent filer le bout de nylon bleu tressé qui mollit quand il toucha le fond. Il les appela alors :

– Ça va ! Vous pouvez descendre !

Quatre matelots disparurent tour à tour dans la cache béante.

Quand le premier d'entre eux reparut à la surface, il passa le revers de sa manche sur la poussière qui couvrait ses joues et annonça :

– L'appartement est vide. Les locataires sont partis. On remonte.

La cache était un réduit carré de deux mètres de côté au sol jonché de quelques débris de bois arrachés aux étais par les explosions, de boîtes de conserve éventrées avec les restes d'une bougie et, dans un coin, une cruche brisée à l'eau répandue.

Toute la journée se passa à la recherche d'autres caches. Les blindés, à l'aide d'élingues, déplaçaient les rochers les plus lourds tandis que les harkis allaient, courbés comme des repiqueurs de riz, sondant pas à pas la steppe avec leur baguette de fer.

Quand Fachs revint du briefing des chefs de section, il alla vers Benjamin et lui dit :

– Nous sommes certains qu'ils sont ici. Donc, nous n'avons qu'à attendre qu'ils se manifestent. Les gens du village n'ont évidemment rien vu, ni rien entendu. Les biffins [11] sont en train de fouiller le douar et d'interroger les enfants. Mais nous n'avons pas grand chose à espérer. Le bouclage va être doublé et nous enverrons quelques pelots [12] de temps à autre pour faire un peu de bruit et pour leur casser le moral. C'est tout ce que nous pouvons faire. Le temps travaille pour nous.

[11] Militaires de l'Armée de Terre.

[12] Projectile.

L'après-midi du troisième jour, à l'heure de la sieste, un mouvement se fit dans le petit groupe d'El Aroussa. Taleb, qui dévissait le bouchon de sa gourde, interrompit son geste. Très loin, un panache de poussière annonçait des visiteurs qui venaient par la piste Ouest tracée, toute droite, jusqu'à l'ondoiement de l'horizon. Benjamin régla l'oculaire des jumelles. Le regard brouillé par la réverbération du jour, il lui semblait apercevoir des silhouettes étranges, changeantes et vibrantes, qui paraissaient fragmentées par la fantaisie du mirage et qui se dissolvaient par instant pour renaître à côté. Puis toutes les ombres s'effacèrent, comme bues par la magie du désert. Soudain, d'une bosse du terrain, surgit un cavalier qui fit caracoler sa monture avec, derrière lui, la harka montée de Beraoun. Ils étaient maintenant une vingtaine, rangés de front, allant aux pas de leurs chevaux barbes. Ils avancèrent encore pour, arrivés à une centaine de pas du dispositif, arrêter leur monture, faisant face à ceux qui, surpris, les observaient. Ils étaient rassemblés depuis un court instant quand leur chef, avec un cri aigu et rageur, dégaina d'un geste théâtral son fusil de la fonte de sa selle et le fit tournoyer, bras tendu, au-dessus de sa tête puis, piquant des deux, enleva sa monture qui partit à grande allure, suivi par le peloton des cavaliers, dressés sur leurs étriers, brandissant haut les armes et poussant des glapissements au milieu du martèlement des sabots et des jaillissements de la pierraille. La charge passa comme un ouragan, frôlant la file des hommes immobiles, enveloppés par une spirale de poussière et, déboulant dans un vallon, disparut au loin derrière le douar, à la poursuite d'un ennemi imaginaire.

Taleb avala une lampée de thé, revissa lentement le bouchon de sa gourde et levant le regard vers le lointain apaisé, murmura comme pour lui-même :

– C'est la guerre ça, Madame.

Trois journées s'étaient déjà écoulées. L'effectif de l'encerclement avait été renouvelé à deux reprises pour laisser les sections effectuer leurs tâches quotidiennes. Ceux d'El Aroussa étaient restés sur place, remplacés au poste par un détachement du 3e Bataillon, trop heureux de venir sur le piton jouer à la guerre.

Pour dégourdir les oisifs, Catalan avait inventé le bouclage tournant, en faisant courir les hommes autour du dispositif plusieurs fois par jour. Puis il lança le birotor avec deux rondes en sens inverse.

Benjamin avait comme à l'accoutumée écrit chaque jour à sa famille, racontant tout des sauterelles, du café tiède, des parties de monopoly. Il taisait ce qui se passait réellement autour de lui, tant sa situation lui semblait dissociée de l'existence normale d'un être civilisé. Dans sa promenade à travers la vie, il avait essayé de ne dire et de n'écrire que ce qu'il aimait ou que ce qu'il approuvait. Pour lui, l'oubli et le silence devaient être la réponse à ce qu'il trouvait laid ou commun. Dans la lettre que le vaguemestre lui avait apportée, il trouva une nouvelle photo de sa fille prise le jour de ses huit mois. Sa fille, il ne l'avait encore jamais vue.

C'était l'heure de la sieste. Le soleil inondait l'alignement immobile que formaient les petits groupes tapis à l'ombre des tentes et les hommes isolés, couchés à l'abri d'un poncho étalé sur des bouquets de branchages dressés en faisceau. La chaleur faisait vibrer les reflets sur les tôles des 4 x 4.

Près de Benjamin un transistor grésilla puis retentit l'indicatif des informations de Radio Monte Carlo. L'opération de débarquement des émigrés cubains sur la Playa Giron, montée par les Amécains, était un échec total. Les survivants étaient dans une situation désespérée depuis que l'aviation castriste avait réussi à s'assurer la maîtrise du ciel et que les populations n'avaient pas ébauché le soulèvement escompté. Les Etats-Unis, dans l'impossibilité d'intervenir ouvertement avec leurs navires, étaient aux prises avec les critiques les plus dures de la part de leurs adversaires à l'ONU et devant l'opinion mondiale. Puis venaient des précisions sur le vol du cosmonaute soviétique Youri Gagarine, sur la vitesse inimaginable de son orbite à plus de 300 km de la terre et sur les perspectives fantastiques que ce voyage ouvrait pour l'humanité.

Le temps semblait s'être arrêté.

Une boule d'épineux, légère, portée par le vent, venait du lointain en roulant et bondissant. Elle passa parmi eux et, visiteuse indifférente, disparut vers l'horizon opposé. Par moment, une colonne de poussière naissait dans un tourbillonnement inopiné et silencieux, élevant une traînée de sable blond qui glissait en balayant le sol puis se perdait vers le ciel en une silhouette ondulante et lascive.

Un ordre brisa le calme de l'après-midi.

– On décroche ! On rentre à bord !, c'était la voix de Fachs.

En quelques minutes, toute la zone s'était animée, les GMC chargeaient les équipements, les équipages regagnaient les 4 x 4, les harkas se rassemblaient. Les unités regroupées s'éloignaient vers le secteur du retour.

Benjamin rentrerait à pied avec la section. Quelques heures de marche l'aideraient à oublier le vide des derniers jours. Déjà le canot du poste était parti avec Fachs et le radio.

Ceux des harkis formant l'arrière garde attendaient Catalan qui avait été retenu au douar voisin pour le dernier briefing. Ils aperçurent l'enseigne qui venait vers eux, avec son allure de promeneur fatigué, les mains dans les poches, sa carabine US en bandoulière, ses pas traînants soulevant la poussière. Soudain, on le vit s'immobiliser, faire volte-face, les jambes d'aplomb, l'arme pointée vers le sol en regard du trou de la cache qu'il venait d'enjamber.

– J'ai entendu des explosions là-dessous, j'en suis certain. Les biffins sont encore au douar, dites-leur de rappeler l'équipe spéléo.

L'enseigne spéléo se hissa hors du boyau et ôta son casque d'un geste las. Il essuya sur ses poches de cuisse ses mains tachées de sang.

– Il y en a six ou sept, complètement déchiquetés. La cache était à double fond. Ils se sont faits sauter à la grenade. Leurs armes sont inutilisables. Il y avait ce message cloué sur la trappe.

L'officier tendit à Catalan un feuillet de cahier d'écolier éclaboussé de taches brunes.

– C'est adressé aux harkis, dit Catalan, et il commença à haute voix :

Frères de notre pays, vous savez maintenant que les lauriers de la victoire ont un goût amer. Aujourd'hui vous croyez avoir vu notre mort mais demain, quand nos enfants battront des mains pour la fête de la Liberté, se sont nos visages que vous reconnaîtrez partout auprès d'eux et quand le canon d'une arme s'appuiera sur votre front vous saurez que c'est notre doigt qui commandera le coup.

Il poursuivit sa lecture tandis que ses lèvres remuaient sans qu'aucun son ne se fasse entendre. Il demeura silencieux, quand arrivé au bas de la page, son regard resta fixé sur le texte griffonné au crayon. Puis il plia lentement la feuille de papier et la mit dans sa poche de poitrine.

Les harkis, plus tard, traversant le groupe de ceux qui s'étaient approchés de la cache, matelots, commandos, parachutistes, et qui formaient comme une garde funèbre, raidis dans le présenter de leur arme, portèrent vers le GMC les civières où gisaient les corps disloqués et sanglants, enveloppés dans des sacs de toile. Le dernier brancard fut hissé dans le camion et alors les hommes, rompant leur garde-à-vous se dispersèrent en silence.

Chapitre 4

El Aroussa - Jeudi 20 avril 1961

Ce soir-là, certains lots de munitions approchant de l'âge de la réforme, le commandant avait organisé comme à l'accoutumée un grand feu d'artifice auquel il avait convié tous les habitants du poste. Déjà les enfants occupaient les meilleures places, en bordure du muret d'enceinte d'où ils découvraient le moutonnement infini des collines. Des femmes venaient par petits groupes, certaines portant sur le dos leur dernier-né enveloppé d'un châle. Les unes avaient apporté leur pilon de bronze avec lequel elles continuaient à broyer finement le café ou les épices dans leur petit mortier de pierre, d'autres leur quenouille au panache de toison grège, filant sans cesse d'un geste rapide du pouce et de l'index leur brin de laine tendu par le fuseau tourbillonnant.

Les harkis et l'équipage étaient arrivés les derniers sur la petite place, chargés de caisses de bois et de conteneurs métalliques qu'ils portèrent par le porche vers la pente abrupte, à l'aplomb du mur d'enceinte, là où devaient avoir lieu les tirs.

C'était l'heure apaisante où les derniers rayons du soleil créaient de longues ombres bleutées à l'envers du couchant.

Le premier obus du mortier vola dans un claquement sec prolongé par un sifflement rageur. Tous, sur la petite place, levèrent le visage vers le ciel, cherchant à suivre des yeux le projectile dans sa trajectoire. La cible était une vieille cabane abandonnée sur l'autre versant de la montagne. De longues secondes s'écoulèrent puis un champignon roux se forma brusquement près des murs sans couverture de la mechta, salué par les cris stridents des enfants qui, les premiers, avaient repéré l'arrivée. Le bruit de l'impact éclata ensuite, répercuté par les échos de la vallée. Le second coup venait de partir, suivi de près par un troisième.

Fachs avait entraîné le médecin vers le mirador d'où, avec la lunette binoculaire de nuit, ils pouvaient observer la zone de bombardement. Les trois explosions groupées avaient fait mouche et les pans de murs s'étaient effondrés sous le souffle. Les cris de joie redoublèrent et tout le parterre d'enfants applaudit à la précision de cette salve.

Le martèlement saccadé de la mitrailleuse lourde couvrit soudain le grondement des charges dont l'éclatement faisait au loin comme un roulement de tonnerre. Les tirs se succédaient, noyant le versant d'une poussière blonde qui glissait, balayée par la brise. Benjamin voyait dans les oculaires les rochers voler en éclats près de la ruine fumante. Les tireurs des A.A. 52 se mirent de la partie, mêlant le crépitement de leur arme automatique au vacarme assourdissant de la 12,7 et du mortier de 81 et aux trépignements d'allégresse des spectateurs. Les giclées de balles traçantes balayaient la nuit tombante. Tout à coup, une longue fusée blanche monta vers le ciel en crachant un jet de flammes et d'étincelles avec un chuintement modulé. Les enfants poussaient des cris de joie tandis qu'elle s'élevait en faisant osciller avec nonchalance la hampe qui la prolongeait. L'excitation atteignit son paroxysme quand, à son apogée, elle explosa dans un nuage éblouissant et qu'un éclairant retenu par un petit parachute projeta sur le paysage un flot aveuglant de lumière. C'était la girafe, le clou et le bouquet du spectacle, saluée par les applaudissements et les hourras des habitants du poste et par les rires stridents des enfants qui couraient déjà, en se bousculant, les yeux protégés par leurs mains en visière, se disputant à l'avance la dépouille de la fusée qui au bout de sa lente descente s'éteignit dans un éclaboussement de flammèches rougeâtres.

Tandis que les spectateurs se dispersaient, Benjamin se souvint d'une autre soirée où, plus d'un an auparavant à son arrivée à Oran, il était resté en transit au fort de Mers el Kebir, attendant le convoi qui, le lendemain, devait le conduire à son affectation en Zone Opérationnelle Ouest. Il logeait dans la majestueuse citadelle espagnole qui domine la rade de ses murailles massives de pierre ocre avec ses tours et ses mâchicoulis. Sa chambre s'ouvrait sur la mer par une étroite meurtrière. Il venait à peine de s'endormir, la tête pleine des images, des odeurs et des bruits de ce pays nouveau qu'il découvrait pour le premier soir quand une formidable explosion l'avait fait bondir nu hors de son lit. Des éclats de lumière zébraient la chambre tandis que les cris et les chants d'une foule invisible semblaient venir de toutes parts. Il ouvrit la porte et se trouva sur le chemin de ronde. Il reçut en plein visage une bouffée de volutes épaisses venues de la cour et qui se tordaient dans l'embrasement rouge emplissant le fort. En bas se devinaient des troupes de gens qui couraient en portant des bannières, au milieu des pétarades de la mousqueterie et du tonnerre des bombardes, enveloppées par une odeur de brasier et de poudre. Tout à coup, des sons de trompes et des roulements de tambours puis des appels lancés par des voix terribles éclatèrent tout près et, de la fumée, des ombres surgirent et se jetèrent sur lui. C'étaient des hallebardiers andalous à la cuirasse luisante, coiffés de salades empanachées et vêtus de pourpoints et de culottes à crevés écarlates. Des mamelouks les poursuivaient, brandissant des cimeterres. Benjamin, à demi suffoquant et étourdi par le vacarme, l'esprit encore embrumé par son premier sommeil, s'apprêtait à vendre chèrement sa vie. Ils le repoussèrent vivement dans la chambre et l'un d'eux lança vers lui :

– Planque toi !

Puis, plus fort, il ajouta à la cantonade :

– Gare ! Ce sont les barbaresques !

C'est ainsi que Benjamin avait participé à la reconstitution historique de la prise de la citadelle par les Turcs.

Chapitre 5

El Aroussa - Matin du samedi 22 avril 1961

Deux grands coups frappés à sa porte éveillèrent Benjamin en sursaut. Il repoussa les draps et écartant la moustiquaire sauta hors du lit. Il faisait déjà jour. Dehors une voix cria :

– Monsieur le Médecin, le Commandant vous attend au carré.

Il passa en hâte son treillis, chaussa ses pataugas non sans en avoir battu la semelle après les avoir retournés à cause des scorpions et sortit de sa mechta. La caresse du soleil matinal l'enveloppa dès le seuil. Il lui suffit de traverser la petite place pour atteindre le carré. Chemin faisant, il essayait d'imaginer la raison de ce réveil brusqué. Il n'y avait pas de préparatifs d'opération surprise. Le mortier de 81 dormait sous sa housse. Personne alentour.

Il trouva Fachs et Catalan dans la pénombre de la salle à manger, accoudés à la table, silencieux et attentifs. Le jeune chef de poste salua le médecin d'un signe de tête et tapota avec l'index le petit transistor posé devant eux. Benjamin prit place à côté de l'enseigne et de son second pour écouter avec eux la voix un peu rude et bien timbrée qui déclarait :

– Il n'y a jamais eu, il n'y a pas, il n'y aura jamais d'Algérie indépendante ! Vive l'Algérie Française pour que vive la France !

Un silence suivit, puis presque aussitôt la voix reprit :

– Ici Radio-France. Cette nuit même, l'Armée a pris le contrôle de l'Algérie et du Sahara. L'opération s'est déroulée selon le plan prévu, sans un seul coup de feu. Non ! L'Algérie Française n'est pas morte ! Il n'y a jamais eu, il n'y a pas, il n'y aura jamais d'Algérie indépendante ! Vive l'Algérie Française pour que vive la France !

La voix s'interrompit. Une fanfare scandait maintenant la Marche des Africains. Fachs baissa le son du transistor :

– Nous y voilà, dit-il. Cet enregistrement est passé déjà plusieurs fois. Nous ne savons pas qui a pris l'initiative de cette affaire mais je ne crois pas que ce soit du bidon. Un café, Toubib ?

La musique s'arrêta brusquement et la voix annonça :

– Un message sera adressé à 8 h sur Radio-France aux forces d'Algérie par le commandant en chef des armées.

Puis la fanfare reprit son martèlement.

– Nous serons vite fixés, remarqua le second en disposant sur la table le plateau de cuivre du petit déjeuner que Leduc venait d'apporter.

Chaque matin réunissait les trois officiers autour d'une collation toujours identique. Il y avait l'omelette du pacha, les œufs sur le plat nature du second et les œufs au bacon du médecin, le tout arrosé de café léger blanchi de lait concentré. L'argenterie et la vaisselle étaient frappées de l'ancre marine. Seule, la salière portait la marque insolite de l'US Navy.

Le pain cuit au four de la harka était préparé à l'aube par les femmes qui venaient livrer les grandes galettes tièdes enveloppées dans des torchons immaculés. Le beurre fait du lait des brebis, blanc et onctueux était battu dans des outres de peau dont il gardait l'odeur forte et musquée. Certains matins, une pastèque ou un melon d'eau venaient agrémenter l'ordinaire, les jours du marché d'Ageiga.

– Je crois, dit Fachs, qu'il faut prévenir maintenant les hommes de ce qui se passe. Il est vrai qu'ils doivent déjà être au courant mais mieux vaut leur parler avant qu'ils ne posent des questions. Surtout à cause des harkis.

Catalan remarqua :

– Peut-être faut-il attendre le communiqué de 8 h ? Et puis, Llabador [1] ne va pas tarder à nous donner des directives.

La voix du transistor avait repris.

– Ici Radio-France, le commandement en chef des forces armées en Algérie annonce que de nouvelles unités se sont ralliées à son

[1] Poste de Commandement de la DBFM à Nemours.

mouvement : le 2e régiment étranger de parachutistes, le 1er RCP, la 2e DP, le 6e et le 2e RPIMA, le 9e RCP, le 2e, le 4e et le 5e REI de la Légion. Vive l'Algérie Française. Vive la France !

Et de nouveau la fanfare.

Dans le carré les mouches commençaient à devenir insistantes, quelques-unes happées au passage par le ruban englué qui pendait sous la lampe.

– Je vais surveiller la corvée d'eau, dit Catalan en quittant la table. A tout à l'heure pour les nouvelles.

Fachs et le médecin le suivirent dehors. On entendait les appels des harkis harnachant les mulets. Quelques enfants se rassemblaient déjà pour aller à l'école. Deux femmes franchissaient le porche, leur cruche en équilibre sur la tête. Un chasseur d'Afrique, oiseau moqueur au plumage de turquoise, d'émeraude et de rubis, perché sur le mât de pavillon, lançait son craquettement rauque. Le poste s'éveillait à la vie de chaque jour.

Il était presque 8 heures quand Benjamin arriva à l'infirmerie. C'était une mechta comme toutes celles du poste, faite de torchis, percée d'une porte basse et de deux ouvertures en forme de meurtrière qui laissaient entrer un jour contrasté. L'une des fenêtres donnait sur la cambuse, l'autre sur la cabane des laissez-passer. La lourde porte en bois était doublée d'un rideau de perles multicolores. Un lit de camp et quelques tabourets meublaient la pièce unique, avec, le long des murs, des étagères pour les médicaments, les matériels de pansement et de petite chirurgie.

Quelques malades attendaient déjà, assis à l'extérieur autour de l'entrée. Deux formes étaient couchées sur le sol, enveloppées chacune dans un épais burnous de laine brune, la tête couverte par le vaste capuchon. Une femme se tenait accroupie auprès de chacun des malades, une main posée sur son épaule et psalmodiait une prière en la rythmant d'une lente oscillation du buste.

Le médecin enjamba les corps et pénétra dans l'étroit local. Il aimait l'odeur forte et propre du crésyl et l'ordre méticuleux que Hamdi faisait régner dans son domaine.

L'infirmerie était ouverte chaque matin jusqu'à 11 h et recevait une cinquantaine de malades venus des alentours. Il y avait surtout des habitués, ceux qui, soignés pour une tuberculose ou une autre maladie chronique venaient prendre leur dose quotidienne de médicaments. La règle voulait que la totalité de la prescription soit avalée ou injectée sur place pour éviter de fournir les infirmeries rebelles.

Benjamin et l'infirmier saisirent, l'un par les aisselles, l'autre par les pieds le malade le plus proche de la porte et le couchèrent sur le lit. C'était un homme qui pouvait avoir 30 ans, au visage basané souligné par une fine barbe en collier, les cheveux ras. Ses lèvres sèches étaient ourlées d'un liséré d'écume. Il semblait somnoler, les yeux mi-clos, la physionomie paisible. La femme qui l'accompagnait s'adressa aussitôt à Hamdi d'une voix aiguë et saccadée, ponctuant ses paroles de grands gestes des mains et désignant tour à tour la tête, le ventre et les pieds du malheureux.

Le harki traduisit son long discours :

– Elle dit qu'il a été piqué par un serpent et puis par un scorpion et peut être aussi par un porc-épic.

Le porc-épic était redouté parce qu'il projetait très loin, disait-on, ses longues épines empoisonnées et celui qui en était atteint restait frappé à tout jamais de paralysie. Le serpent et le scorpion étaient partout, sous chaque pierre, derrière chaque buisson.

En un tournemain, Hamdi dévêtit le malade. Le corps musclé était inerte et se laissait manipuler sans résistance. Nulle trace de morsure, nulle plaie même la plus minime ne se voyait sur la peau claire. Sa tête, ses mains et ses pieds étaient bronzés par le soleil jusqu'à la limite nette du cou, des poignets et des chevilles. Sur son pied droit était tatoué un croissant de lune centré sur une étoile et il portait sur la poitrine un petit sachet de cuir tenu par un lacet et qui contenait ses amulettes.

– Tu as trouvé quelque chose ? demanda Benjamin.

– Makach oualou !

– C'est bon. Tu peux préparer la perfusion avec le cocktail.

Hamdi connaissait bien le mélange qui ranimait ce genre de coma : corticoïdes, antihistaminiques, atropine et solution salée.

Avant le soir le moribond serait sur pied et pourrait retourner vers son douar en remerciant Dieu de sa grande miséricorde.

La cuisine, près de la cambuse, était un lieu de rencontre où les hommes d'équipage venaient le matin bavarder en buvant une pils. Les éclats de leurs conversations ou de leurs chamailleries et leurs rires sonores envahissaient par moment l'infirmerie toute proche. Ce matin la voix des hommes rassemblés se mêlait aux accents des marches militaires diffusées par la radio.

La musique cessa tout à coup et le silence se fit. Le médecin s'approcha de la lucarne. C'était l'appel annoncé :

– Officiers, sous-officiers, soldats, marins, aviateurs des forces françaises d'Algérie, ici le Général Challe qui vous parle. Je suis à Alger avec les généraux Zeller et Jouhaud et en liaison avec le Général Salan, pour tenir notre serment, le serment de l'Armée, de garder l'Algérie, pour que nos morts ne soient pas morts pour rien. Un gouvernement d'abandon nous apprenait successivement l'Algérie Française, l'Algérie dans la France, l'Algérie Algérienne, l'Algérie indépendante associée à la France. Il s'apprête aujourd'hui à livrer définitivement l'Algérie à l'organisation extérieure de la rébellion. Est-ce cela la paix annoncée ? Ne sait-il pas qu'il ne saurait y avoir de garantie, même militaire, de libre choix, pas plus que de liberté et de justice dans une organisation totalitaire ? Il a même refusé de faire la paix avec certains rebelles de l'intérieur, prêts à cesser les combats. Nous en avons, hélas, les preuves. Sachant tout cela, voudriez-vous renier vos promesses, abandonner nos frères musulmans et européens, abandonner nos cadres, nos soldats, nos supplétifs musulmans à la vengeance des rebelles ? Voudriez-vous que Mers el Kebir et Alger soient demain des bases soviétiques ? Voulez-vous une fois de plus, la dernière, amener votre drapeau, alors que vous auriez tout perdu, même l'honneur ? Je vous connais tous et je sais quels sont votre courage, votre fierté, votre sens de l'honneur et du devoir. La discipline qui fait notre force ne saurait en aucun cas conduire au déshonneur. L'armée est, avant tout, au service de la France et garante du territoire national. L'Armée ne faillira pas à sa mission et les ordres que je vous donnerai n'auront jamais d'autre but.

Un silence, puis la Marseillaise retentit.

– Chapeau, s'écria le cuisinier, Ah chapeau ! Je vous le dis, on n'est pas sorti de l'auberge et moi, je rentre au pays. La Royale a des navires. On embarque avec nous la harka avec armes et bagages et salut les copains ! Mission accomplie.

Puis de la meurtrière opposée vint un appel. C'était le quartier-maître des laissez-passer.

– Monsieur le Médecin, le Commandant vous fait dire qu'on nous amène deux blessés du barrage. L'hélico sera là dans un quart d'heure !

Benjamin jeta le burnous sur le corps inerte et contourna le lit de camp pour saisir la traverse côté pieds tandis qu'Hamdi prenait le côté tête. Ils emportèrent ainsi le malade hors de la mechta sous le regard indifférent de ceux qui attendaient et le placèrent à l'ombre du mur, le flacon de perfusion accroché à une poutrelle qui dépassait de la terrasse. Un lézard gris dérangé dans sa chasse matinale fila en zigzaguant, puis resta un court instant immobile la tête haute, l'œil attentif et disparut dans son trou.

– Tu vas t'occuper de l'autre. Je vais aux nouvelles.

Comme le médecin entrait dans la cabane, le quartier-maître radio brancha le haut-parleur. Fachs était assis à califourchon sur un banc et feuilletait Spirou qui était la lecture favorite du matelot de quart. Au ronflement du récepteur se mêlaient des phrases en anglais à peine audibles, marquées d'un fort accent américain, hachées et modulées par le fadding.

– C'est comme ça depuis hier soir. On ne comprend pas grand chose. A plusieurs reprises ce matin nous avons entendu appeler un de nos avisos qui doit se trouver dans les parages.

Fachs passa une jambe par dessus le banc et se leva, puis, entraînant Benjamin vers la porte, il déplia un message qu'il tenait à la main et le tendit au médecin :

– C'est bien dans le style du Crabe Tambour, dit-il. « Message pour la Marine de Guerre et la Marine Marchande : les appareillages de bâtiments français et étrangers actuellement dans les ports d'Afrique du Nord, quelle que soit la destination prévue, sont interdits jusqu'à nouvel ordre. Destinataires présent message prendront en conséquence toutes mesures nécessaires pour assurer bonne exécution de cet ordre. Signé : LV Pierre Guillaume. »

– L'hélico ne doit pas être bien loin. Nous avons juste le temps de baliser la D.Z. [2]. Vous venez avec nous ?

[2] Drop Zone : zone d'atterrissage.

La zone d'atterrissage se trouvait en bordure Nord du poste, là où étaient creusées les feuillées. C'était une aire caillouteuse, presque plate et toujours dégagée parce que l'odeur y était insupportable malgré les sautes du vent et l'arrosage quotidien au crésyl. Les matelots avaient disposé des cartouches fumigènes et se tenaient prêts à les allumer quand l'hélicoptère serait en vue.

– Vous ne savez peut-être pas encore la nouvelle, annonça Fachs, l'air narquois, mais nous sommes bel et bien mutinés depuis ce matin. Ordre de Llabador d'obéir au gouvernement d'Alger. Le pacha de la DBFM a diffusé un message de l'Amiral Curville qui nous place sous le commandement militaire de fait. Pour nous, cela ne fera pas un grand changement. Les fells, eux, seront toujours là, de l'autre côté.

Un des matelots, un engagé, s'était approché du jeune enseigne et lui demanda :

– Commandant, c'est vrai que les permissions sont supprimées ?

Avant que Fachs ait pu répondre, un autre matelot le questionna :

– Est-ce qu'on aura notre solde le 25 ?

Le ronronnement grave et lointain de l'hélicoptère dispersa le petit groupe. Déjà la fumée blanche jaillissait en sifflant des conteneurs cylindriques. Quelques enfants étaient venus assister au spectacle et se disputaient par avance pour savoir qui récupérerait les cartouches vides.

Chapitre 6

El Aroussa - Après-midi du samedi 22 avril 1961

L'hélicoptère se présentait de face. C'était un rameur-canon HSS1, version Marine du H 34. Arrivé à l'aplomb de la drop zone, il vira sur place pour se poser, invisible dans un nuage de poussière. Le régime du moteur ralentit et la silhouette de l'appareil reparut. Déjà Benjamin avait atteint la porte latérale, largement ouverte, qui faisait place au canon de 20 mm et laissait voir dans l'ombre de la cabine deux brancards placés le long du flanc droit de l'appareil. Le matelot canonnier, un solide moustachu, assis les jambes pendantes dans le vide auprès de son arme, un MG 151, sauta à terre. Il aida le médecin à grimper dans le H 34. Les deux blessés étaient sanglés sur les civières, couchés à plat dos, leurs treillis déchirés aux manches et sur la poitrine. L'un avait la moitié gauche du visage arrachée, l'œil pendant au milieu de la masse du sang coagulé. Le pansement qui le couvrait avait glissé sur le côté et il respirait avec une sorte de hoquet aigu. La blessure de l'autre répondait à ce que le catalogue des urgences appelait un « thorax ouvert qui n'a pas pu être fermé ». Il portait dans le flanc droit, sous le sein, un grand trou sanglant qu'une bourre faite d'un tour de cou en laine habillant une gourde d'aluminium comblait approximativement. Il respirait avec peine, le souffle rapide et très superficiel. Son teint cireux et son nez pincé semblaient rendre plus évidente la jeunesse de ses traits figés par la souffrance.

Benjamin s'approcha du pilote et dut hurler dans son oreille pour couvrir le bruit assourdissant du moteur :

– On ne peut pas les évacuer comme ça. Il faut d'abord les perfuser et les trachéotomiser tous les deux.

Le pilote répondit en levant les deux bras en signe d'acceptation résignée.

Déjà le harki était là avec la trousse des tubulures et les sacs de plasma. Le médecin s'accroupit auprès du blessé thoracique et finit de déchirer la manche gauche jusqu'à l'épaule. Il plaça un garrot plat en caoutchouc pour serrer le bras et faire saillir les veines du pli du coude. Le blessé se laissait faire sans réagir. Sous la peau bronzée, les veines commencèrent à gonfler et Benjamin introduisit dans la plus apparente un fin cathéter à l'aire d'un trocart d'acier. Du sang reflua dans la tubulure. Il tira sur le bout du garrot qui se dénoua avec un claquement sec.

Hamdi avait accroché le sac en plastique contenant le plasma à une potence fixée au plafond du H 34. Le liquide jaunâtre et opalescent commençait à s'écouler par le goutte à goutte en salves précipitées. Hamdi en régla le débit avec la molette, fixa le cathéter à la peau par des lanières de sparadrap entrecroisées et attacha le bras sur l'attelle grillagée rembourrée. Quand il eut terminé, il contempla un instant son ouvrage d'un air satisfait avant de s'occuper du deuxième blessé dont Benjamin achevait de placer la perfusion.

La voix du pilote leur fit lever la tête :

– La radio de Slihane nous appelle d'urgence pour un appui canon. En partant immédiatement nous pouvons d'abord vous déposer à Tlemcen pour être sur le terrain dans vingt minutes au plus tard. Sinon nous vous laissons ici et nous reviendrons vous chercher quand la situation sur place sera dégagée.

La décision de Benjamin fut vite prise :

– Il vaut mieux que nous partions avec vous vers Slihane si nécessaire. Nous opérerons en route. Hamdi va aller chercher le matériel.

Le harki était parti en courant vers l'infirmerie. Le médecin passa à l'avant, et le pilote lui tendit un laryngophone et des écouteurs. – Il y a un gros franchissement du côté de Slihane, une katiba au moins, plus de cent fells et l'opération Raquette n'a pu se mettre en place parce que le RICM et la Légion sont bloqués ailleurs. Le commando de Monfort qui était en opération à Ouled Ramdane a été transféré en deux passages mais la situation n'est pas bonne. Il y a déjà eu trois tués de notre côté et de nombreux blessés. Nous avions déjà été appelés il y a une heure là-bas en appui canon et nous y avions à peine vidé un chargeur quand on nous a demandé d'aller ramasser ces deux gars à Bab El Mansour où le mortier de 120 a explosé et de venir les déposer ici parce que vous êtes le seul chirurgien du secteur.

– Je ne peux pas les opérer sur place, vous voyez bien, et ce n'est peut-être même pas possible de le faire à Tlemcen. Ces gars sont beaucoup trop gravement atteints. Voici Hamdi, nous pouvons partir immédiatement.

Le harki jeta le sac de matériel sur la plate-forme et se hissa dans la cabine, son MAS 36 bien arrimé à l'épaule, la bretelle passée dans le ceinturon. Le matelot canonnier reprit son poste et le pilote aussitôt mit pleins gaz. Le groupe des curieux qui entourait l'appareil s'écarta, chassé par les tourbillons de poussière. Le H 34 s'éleva puis inclina sa trajectoire vers le Sud dans le rugissement saccadé de ses pales.

Maintenant il fallait opérer et opérer vite.

Le médecin s'était placé à califourchon sur le blessé thoracique, veillant à ne pas comprimer sa poitrine. Avec ses genoux il coinçait les bras et Hamdi placé vers la tête avait saisi à deux mains le visage du blessé pour relever fortement le menton et exposer la base du cou que Benjamin badigeonna avec un liquide brun.

– Ça va ?

– Labbes.

En deux injections de chaque côté du cou, l'anesthésie locale était faite. Un coup de bistouri de deux centimètres au dessous de la pomme d'Adam, un sifflement d'air humide, une pince ouvrant la brèche dans la trachée et un gros tube courbé de caoutchouc rouge engagé dedans, le gonflement du ballonnet d'étanchéité et la fixation par un cordonnet autour du cou. Trente secondes avaient suffi à l'intervention. Le blessé agité par quelques mouvements de toux retomba dans sa torpeur.

– A l'autre maintenant.

– Monsieur le Médecin ! Monfort nous demande d'urgence pour l'appui canon. Ils n'ont pas pu se dégager et ils ne peuvent pas tenir plus de quelques minutes. Qu'est-ce qu'on fait ?

– Combien de temps prévoyez-vous là-bas ?

– Je ne sais pas ! Avec un ou deux passages nous pourrons calmer le jeu et donner à Monfort le temps de décrocher.

– Vamos ! répondit Benjamin avec un soupir.

Le pilote fit en approbation un rond avec le pouce et l'index et donna à sa machine un élan vers la droite, glissant plein Ouest vers le barrage.

Le matelot canonnier s'ébroua avant de reprendre sa place pour se mettre en position de tir. Il ajusta ses écouteurs, fit effectuer à l'affût quelques manœuvres de simulation, engagea un obus dans la culasse et s'accroupit sur ses talons, une main posée sur la bande luisante du chargeur, l'autre sur la détente, le regard perdu dans l'ondoiement des djebalas dont les crêtes défilaient cent mètres plus bas.

Le médecin venait juste de commencer la seconde trachéotomie quand le canonnier transmit en hurlant ce que le pilote venait de lui dire.

– Nous avons le contact ! On y va !

Le H34 vira aussitôt en plongeant et Benjamin sentit le plancher se dérober sous lui, comme si le blessé qu'il avait enfourché s'était soulevé en lévitation. Hamdi, en tentant de garder son équilibre, lâcha le flacon d'antiseptique qui roula en bondissant et disparut dans le vide par la portière. Il rattrapa de justesse la trousse des instruments qu'il cala sous les brancards.

L'hélicoptère se ruait maintenant à toute vitesse en ligne droite vers l'objectif et le médecin put reprendre son ouvrage, saisir la seringue et reprendre son travail. Hamdi avait rejoint sa place, les mains crispées sur le pauvre visage du blessé, les doigts glissant au contact du sang coagulé.

La descente et la vitesse se ralentirent. Le choc sec et haché de la première salve du MG 151 surprit Benjamin dont le regard à ce moment errait autour de lui à la recherche de la boîte des bistouris. Le canon cracha une vingtaine de coups. Le moteur rugissait en accélérant de ses mille chevaux.

– Nous allons faire un deuxième passage ! cria le canonnier.

Le médecin avait presque terminé d'appareiller le deuxième blessé lorsque le canon envoya une nouvelle salve. Le H 34 était en vol stationnaire et maintenant les coups partaient par deux ou trois avec de courts intervalles. Le canonnier avait ajusté son tir.

Benjamin et Hamdi, chacun à son blessé, gardaient les yeux fixés sur les tubulures dont les changements d'altitude perturbaient le débit. Leurs mains et leurs treillis étaient éclaboussés de sang et de sérosités. Assis sur le plancher, les jambes étendues en travers de la cabine ils voyaient par la large portière l'horizon éblouissant de soleil oscillant au gré du balancement de l'appareil. Benjamin rajusta les canules et se pencha vers Hamdi :

– Quand nous aurons décroché, tu prendras leur tension artérielle. Je ne sens plus le pouls du thoracique.

Après une rafale plus longue que les précédentes, l'appareil reprit de la hauteur et le médecin entendit le pilote et le canonnier qui communiquaient par l'interphone sans qu'il puisse comprendre ce qu'ils disaient. Puis le canonnier cria dans leur direction :

– On rentre !

Le vol vers Tlemcen fut effectué en moins d'un quart d'heure. A l'approche de l'hôpital, ils purent apercevoir le 4 x 4 sanitaire Renault, haut perché sur ses roues, avec ses croix rouges sur le toit et sur les flancs, un homme en blouse blanche et plusieurs soldats en treillis qui les attendaient sur la DZ. Les pales tournaient encore quand un médecin d'une cinquantaine d'années, chauve, grand, le dos légèrement voûté s'approcha de l'appareil et passa la tête à l'intérieur de la cabine, scrutant la pénombre. C'était un médecin-commandant qui, dès qu'il aperçut Benjamin, l'interpella aussitôt.

– Salut ami ! Je me souviens très bien de vous ! Il y a trois mois vous aviez convoyé depuis Beraoun une fracture ouverte de jambe. Le blessé va très bien et il est reparti en Métropole. Et ces deux-là ? On nous a annoncé un maxillo-facial et un gros thoracique.

Il se hissa lestement dans la cabine pour examiner les blessés.

– En effet, je vois, c'est trop lourd pour nous. Il faudrait immédiatement les évacuer sur l'hôpital Militaire Maillot à Alger. Il y a là-bas une très bonne équipe de chirurgie réparatrice et plusieurs spécialistes cardio-pulmonaires avec une réanimation à toute épreuve.

Les deux hommes sautèrent hors de l'appareil, saisis par le souffle brûlant de la réverbération qui s'élevait du sol.

– Benjamin fit part de son inquiétude à son collègue :

– Le thoracique n'a ni pouls, ni tension et l'autre ne va guère mieux. Il doit être possible de les mettre en condition ici pour éventuellement les transférer plus tard à Maillot. Ils ne seront pas à Alger avant six heures au moins et dans les conditions actuelles, ils ne tiendront pas jusque-là.

– En avion sanitaire vous y serez en deux heures au maximum. Je vais donner les ordres pour que l'Evasan se fasse au plus vite. En attendant si vous le souhaitez, venez boire un verre au mess.

– Je vous attends ici.

Benjamin venait de s'apercevoir avec étonnement que lui aussi était atteint par l'esprit de corps. Ce que ce médecin lui refusait, il le ressentait comme un attitude normale non pour des raisons d'ordre médical mais parce que c'était un Médecin de l'Armée de Terre. Un Marin n'aurait pas agi de la même manière. Du moins il voulait le croire. Le pilote nettoyait les trois grandes vitres de son habitacle. Il expliqua au médecin ce qui s'était passé à Slihane. Le commando de Monfort, déjà parti en embuscade à Ouled Ramdane, avait été récupéré en plusieurs rotations par une DIH qui l'avait reposé sur la zone de chasse. Mais les rebelles étaient partout, équipés comme nos commandos avec le foulard rouge du jour à l'épaule gauche et Monfort avait été cloué sur place. Un bataillon de la DBFM et une harka venus en renfort avaient subi aussitôt de grosses pertes et un piper en reconnaissance à vue, gravement touché avait dû regagner sa base.

– C'est alors que nous avons été rappelés, continua le pilote. Mais la situation était si confuse que nous risquions de tirer sur les nôtres et que mieux valait ne pas insister d'autant plus que nous pouvions à chaque passage être abattus par le tir des MG 34 des rebelles.

Et le pilote, tout en parlant, était allé caresser de la paume de la main la tôle percée de deux trous ronds à l'arrière du fuselage.

Le médecin-commandant revint presque aussitôt, précédant un civil vêtu d'un costume de toile gris foncé et d'une chemise blanche à col ouvert, plutôt petit, chauve et le visage rond avec des yeux très rapprochés.

– Voici le collègue de la Marine dont je vous ai parlé, dit le commandant, désignant Benjamin. Il assure une Evasan vers Alger et pourra sans nul doute se charger de votre colis.

S'adressant au médecin, il ajouta :

– Monsieur Sismondi est un haut fonctionnaire de la Préfecture et il apporte une serviette qui doit parvenir sans faute ce soir à l'Amirauté. Compte tenu des circonstances actuelles et des incertitudes des transmissions, il lui serait agréable que vous puissiez les porter à Alger.

– Pour les remettre vous-mêmes en main propre à l'Amiral Curville, coupa le civil. Quand pensez-vous être rendu à Alger ?

Le commandant ne laissa pas à Benjamin le temps de répondre.

– Dans quatre heures au plus tard, c'est-à-dire avant minuit, en comptant largement le temps pour déposer d'abord les blessés à l'Hôpital Maillot.

– C'est parfait. Alors voici la serviette.

Le civil tendit au médecin un petit cartable de cuir brun dont l'abattant était fermé par une serrure dorée.

Benjamin mit le cartable sous son bras, serra la main tendue du haut fonctionnaire qui retint la sienne un instant avant d'ajouter d'une voix plus basse :

– Je compte sur vous.

– J'y veillerai, répondit le médecin.

Le pilote du H34 avait reçu un message de la tour de contrôle.

– C'est raté. On repart. Aucun avion ne peut décoller de Tlemcen. La piste est bloquée parce qu'une Caravelle du GLAM venant de Paris a été signalée dans les parages. En allant à Sidi Bel Abbès vous aurez une chance de trouver un DC 3. Je vous emmène à Marnia et de là une Alouette vous conduira à Bel Abbès.

– Ne pourriez-vous pas aller directement à Bel Abbès pour éviter un transbordement et pour gagner du temps ? Et d'ailleurs, Marnia est à l'Ouest et nous éloigne d'Alger.

– Négatif, Monsieur le Médecin, à Marnia c'est l'ALAT [1] qui vous prendra en charge. Là-bas, la Marine c'est fini.

Benjamin se taisait. Son regard alla vers les deux blessés que le harki continuait à surveiller.

– Hamdi, tu peux retourner à El Aroussa. Là-bas on a besoin de toi tandis que je pourrai me faire aider par les gens de la biffe [2].

A ce moment, un homme jeune en manches de chemise arriva en courant et tout essoufflé annonça qu'on avait perdu la trace de la Caravelle et que contrairement aux informations reçues auparavant Louis Joxe, le Ministre des Affaires Algériennes était accompagné non pas par Louis Jeanneney mais par le Général Olié, chef d'état major dépêché par de Gaulle pour éteindre au plus vite et sur place la rébellion des généraux putschistes. Leur appareil après avoir essayé d'atterrir à Alger puis à Oran avait, croyait-on été détourné vers Médéa.

– Appelez El Aroussa, demanda Benjamin au pilote, pour qu'on envoie un canot chercher Hamdi pour qu'il soit rentré à bord avant le couvre-feu et puis prévenez aussi Marnia de notre arrivée.

– C'est fait, Monsieur le Médecin.

Avant de partir, le jeune berbère vérifia les tubulures des perfusions. Il fureta dans la cabine pour retrouver son chapeau de brousse puis sauta à terre. Après avoir calé la crosse du MAS 36 dans son dos, il épousseta le chapeau en le frappant à grands coups sur sa cuisse, le mit sur sa tête en relevant le bord droit sur le côté, passa la jugulaire entre ses incisives et clignant des yeux sous le soleil, lança vers le médecin sans desserrer les dents :

– Salam !

– Abdoullah !

C'était la règle que Benjamin avait demandé à Hamdi de respecter, désireux d'apprendre le parler des habitants du pays et il lui fallait donc autant que possible accorder ses répliques au langage de l'autre s'il voulait maintenir le dialogue.

[1] Aviation Légère de l'Armée de Terre.

[2] Armée de Terre.

De Tlemcen à Marnia le H 34 survola pendant vingt minutes une plaine aride avec par place des vignobles clairsemés et des alignements d'amandiers qui alternaient avec la steppe plate. Ils franchirent le cours desséché de l'oued Tafna. Loin sur la gauche on apercevait les minarets éclatants de blancheur des mosquées de Nédroma.

A Marnia, la DZ était située dans un cantonnement de l'Armée de Terre, au milieu des files de blindés et de camions. A côté étaient posés des hélicoptères, un H21C birotor et deux Alouettes dont l'une était équipée de civières latérales.

Le H34 avait à peine touché terre que déjà quatre soldats de la base avaient décroché les civières de l'Alouette et les portaient au pas de course vers lui.

Ces garçons étaient vêtus de treillis presque bruns, d'une toile plus épaisse et plus raide que celle des verts des fusiliers-marins. Leurs rangers étaient impeccablement cirés et leur cheveux paraissaient taillés trop long. Les quatre hommes avançaient, penchés en avant sous le vent du rotor, maintenant les calots de leur main libre.

Benjamin leur cria :

– Nos blessés ont besoin de ne pas être secoués ! Il faudrait placer nos brancards directement sur l'Alouette.

– Négatif, mon lieutenant, répondit le caporal, vos brancards sont en compte à Tlemcen et puis les fixations du H34 ne sont pas faites pour aller sur l'Alouette.

– Alors il faut changer de brancards dans notre hélico. Il fera moins chaud. Aidez-moi à détacher le thoracique. Nous allons commencer par lui. Faites attention à la perfusion.

Deux soldats détachèrent les lanières qui maintenaient le blessé et avec précaution firent glisser son corps sur l'autre civière. Ils bouclèrent ensuite les sangles de toile sur ses chevilles, ses cuisses et son bassin. Ils agirent de même pour l'autre blessé. Les pulsations du thoracique étaient à peine perceptibles. Les moindres déplacements étaient très mal supportés par les blessés graves et c'est pourquoi la plupart d'entre eux mouraient pendant le ramassage ou au cours de l'évacuation avant d'arriver à l'antenne chirurgicale.

Aussitôt le changement de brancards terminé, Benjamin tenant les deux sacs de plasma déjà presque vides, la serviette de cuir serrée sous son bras, suivit les infirmiers qui allaient d'un pas rapide déposer les civières à l'ombre d'un baraquement, non loin de l'Alouette.

Le médecin entendit s'accélérer le rotor du H34 qui bientôt prenait son vol pour rentrer vers Tlemcen.

– Bon Dieu ! La réserve de plasma qui est restée dans l'hélico ! Il faut le rappeler. Demandez vite au radio de la base de le rappeler. Pendant ce temps je vais renouveler les antibiotiques et m'occuper des tonicardiaques.

L'état des deux blessés, d'abord stationnaire, semblait maintenant en légère amélioration, peut-être à cause de l'altitude moindre et aussi sous l'effet d'une meilleure ventilation associée aux drogues et au plasma.

Le jeune médecin-aspirant de la base arriva sur ces entrefaites, apportant des antibiotiques et deux poches de plasma.

– Inutile de rappeler ton hélico. Nous avons nos réserves que nous pouvons mettre à ta disposition, dit-il en apprêtant les flacons. Si tu permets, je vais t'aider. Vous êtes à moins d'une heure de vol de Bel Abbès où un avion vous attend. Une équipe de réanimation avec laquelle nous travaillons souvent est là-bas aussi. Il paraît que ça allait mal à Slihane. Tu y étais ?

– Non, pas exactement. On nous a livré à El Aroussa ces deux gars qui ont sauté avec leur mortier de 120 à Bab el Mansour et nous avons seulement fait un crochet par Slihane pour un appui canon avant de venir ici.

– Pourquoi faire simple quand on peut faire compliqué, répondit sans malice l'aspirant. Tu as de la chance d'avoir pu atterrir ici parce que depuis ce matin tout est bouclé. Les permissions sont suspendues et je crois que nous n'avons plus de chefs. Le colonel lui-même et les autres officiers sont partis on ne sait où pour une réunion avec le Général de Porny. On dit que le Colonel Argoud fait route d'Alger vers Tlemcen avec deux groupes de paras du 1er REP et que le Commandant Camelin marche sur Oran avec ses Képis Blancs.

Les médecins tout en parlant avaient injecté les antibiotiques et complété le traitement tonicardiaque en vue du vol à l'air libre qui attendait les deux blessés.

Les civières furent arrimées sur les flancs du petit hélicoptère, les housses de protection ramenées sur les blessés, les perfusions vérifiées une dernière fois. Déjà le pilote faisait tourner son rotor. Benjamin prit place à côté de lui dans la bulle de plexiglas de l'habitacle. Il ajusta son interphone. Le médecin-aspirant de la base verrouilla la portière et s'éloigna à reculons tout en agitant la main en signe d'adieu.

Chapitre 7

Marnia - Nuit du samedi 22 au dimanche 23 avril 1961

L'Alouette s'arracha du sol et resta un instant en vol stationnaire, comme hésitant sur la direction à prendre puis le pilote la fit pivoter sur elle-même et, à deux mètres du sol, glisser entre les baraquements de la base, virer ensuite pour suivre une nouvelle ruelle pour aboutir à un carrefour d'où enfin il enleva vivement sa machine au-dessus des toits et piqua droit vers l'est. Les fantaisies des pilotes avaient fini d'étonner Benjamin qui se garda bien d'en demander le pourquoi.

Le soleil couchant éclairait les contreforts de l'Atlas. Dans les coins de verdure se nichaient des gourbis en terre séchée. Ils suivirent d'abord la voie ferrée qui va vers Lamoricière puis obliquèrent vers le sud, près des monts de Daïa. Le pilote, en vieux pratiquant de l'Evasan, suivait les vallées et traçait sa route en franchissant les cols les moins élevés pour éviter les changements trop rapides de pression atmosphérique. La vitesse dessinait sur les housses qui protégeaient les civières de petites vagues vibrantes et les pare-brise couvrant les blessés luisaient aux derniers rayons du soir.

L'ombre se fit soudain au passage d'un ubac et donna aux pentes du Djebel une tonalité bleue. La radio grésilla et une voix nasillarde appela l'indicatif du vol. On confirmait de Bel Abbès que tout était prêt pour les recevoir et que la météo vers Alger était bonne.

La plaine fit brusquement suite aux collines. Ils survolèrent Chanzy puis Bou Khanefis, deux bourgades aux rues dessinées en damiers, entourées de champs de vignes et de fruitiers. Le crépuscule tombait sur la campagne, noyant dans la grisaille le paysage piqué seulement par places d'un point de lumière au hasard des douars isolés. Le pilote annonça dans l'interphone :

– Nous serons à Bel Abbès dans cinq minutes.

Il appela alors la base aérienne pour confirmer sa position et régler les modalités d'atterrissage. Quelques instants plus tard, les feux du balisage devenaient distincts et l'Alouette perdait de l'altitude pour contourner la silhouette claire d'un Dakota DC3 stationné en bout de piste. Benjamin ôta son interphone au moment où les patins se posèrent avec une telle douceur qu'il crut qu'ils n'avaient pas encore touché terre lorsque la portière s'ouvrit et que le vacarme du moteur envahit la cabine. C'était Dubost, le médecin responsable de l'équipe de réanimation, qui venait au devant de lui. Il serra la main de Benjamin, assourdi par la turbine, et l'entraîna loin du vent des pales.

- Le DC3 nous attend. Si tout va bien nous pourrons partir dans dix minutes. Nous allons prendre tes gars en charge. Le temps de vérifier les groupes sanguins et nous transfuserons en route. Tu ne pourras rentrer chez toi que demain matin à condition que le Piper puisse aller à Tlemcen. En attendant tu coucheras ici, à la base. C'est sans problème. Plusieurs officiers sont partis cet après-midi pour aller comploter je ne sais où à propos de ce que tu sais.

Benjamin remercia le jeune aspirant de sa proposition et poursuivit :

– Si tu le crois possible je préférerais aller avec vous à Alger, j'aimerais accompagner mes gars jusqu'au bout. Il ne me sera pas difficile ensuite de revenir en ZOOM.

– Comme tu voudras. Mais auparavant, sans doute veux-tu nettoyer tout ce sang et cette poussière. Voilà la fontaine contre ce mur. Nous t'attendons.

Benjamin alla vers la fontaine dont il ouvrit le robinet qui crachota d'abord quelques jets tièdes et jaunâtres puis régularisa son débit pour bientôt laisser couler une eau très fraîche. Il ôta ses lunettes et il aspergea son visage puis but avec délectation de longues goulées dans le creux de sa main.

Les blessés avaient été chargés dans le DC3. Dubost et deux infirmiers étaient déjà dans la cabine. Benjamin alla prendre la serviette de cuir dans l'Alouette et les y rejoignit. Aussitôt les moteurs se mirent à ronfler plus fort, faisant vibrer l'avion durant le point fixe. Par les hublots on voyait clignoter les feux en bout d'ailes.

Les blessés étaient installés dans de vrais lits tous-soins, sous l'éclairage de spots puissants. Un système d'oxygénation et d'humidification alimentait leur sonde respiratoire. Chacun recevait

Mustapha sur le toit d'une mechta.

Le PC de Bataillon de Beraoun.

Le médecin est appelé dans une mechta auprès d'un malade. Après l'avoir examiné, il lui apportera chaque jour les médicaments nécessaires.

Le cheval est le meilleur véhicule dans le Djebel pour les tournées de visites médicales comme pour certaines opérations militaires.

L'infirmier au cours d'une tournée.

L'infirmier distribue les médicaments.

L'hôpital de Ghazaouêt.

La buanderie de l'infirmerie.

Retour d’une corvée de fourrage sur les pentes d’El Aroussa.

Chibani sur le marché d'El Aroussa.

Départ pour la corvée d'eau.

Causette près du point d’eau au pied d’El Aroussa.

Le soir au Poste de Nador.

Les harkis débarquent du GMC pour une nomadisation de quelques jours.

Patrouille près de la frontière marocaine, avec le chien rescapé du massacre.

La harka va prendre position sur une crête.

Guetteur d'un chouff de la frontière.

Moment de détente avant l'embuscade du soir.

Devant le poste de guet, le Maroc tout proche.

Opération de ratissage sur les pentes du Djebel Filaoucène.

La difficile recherche d'une cache dans la steppe.

A la recherche d'une cache parmi les cactus. La tige de fer dans la main droite, sert à fouiller dans les trous.

Au petit matin, après un bouclage de nuit.

A la fin du ratissage, à l'aube, la harka se rassemble avant de rentrer à bord.

Retour de patrouille.

Le cheikh de la zawiya.

L'Amirauté et le port de plaisance d'Alger.

Le 26 avril 1961 au carré des officiers de Montagnac, un transistor donne les derniers nouvelles de l'échec du Putsch.

une transfusion sanguine. Les infirmiers notaient diverses observations sur des fiches ainsi que les traitements en cours.

Benjamin vint s'asseoir sur une des banquettes qui occupaient le fond de la cabine, au milieu des caisses, des cartons et du matériel d'urgence et de sauvetage.

Les deux infirmiers et le médecin réanimateur rejoignirent Benjamin pour le décollage. Le vrombissement des moteurs se fit plus aigu et l'appareil libéré fonça en cahotant sur la piste. Puis la vibration cessa brusquement quand le DC3, ayant quitté le sol, s'éleva en oscillant légèrement dans la nuit.

– Nous serons à Alger dans un peu plus d'une heure, annonça joyeusement le médecin-aspirant. Retour demain à l'aube. Nous aurons le temps de dîner avant l'arrivée. Mes gaillards vont déballer nos en-cas pendant que je préviens l'hôpital Maillot que nous sommes en route et nos collègues chirurgiens pour les briefer à propos de nos blessés.

Il disparut vers la cabine du pilote. Benjamin ressentait un soudain bien-être, peut-être pour avoir étanché sa soif, peut-être également parce que la charge matérielle et morale des blessés était maintenant à la charge de ses collègues et qu'il allait bientôt retrouver la routine du poste, le ronronnement matinal du rasoir électrique, la partie d'échecs de la nuit. Il éprouvait aussi, vaguement, en se remémorant sa journée, le sentiment d'avoir franchi une épreuve, d'avoir terrassé un dragon. Il aperçut la serviette de cuir, posée sur les caisses de médicaments. Il la rangea près de lui et pour la première fois se demanda quels documents elle pouvait contenir. Sans doute des papiers de l'administration mais rien de bien important pour l'avoir confié à un messager aussi peu officiel qu'un réserviste en Evasan.

Le Dakota s'était enfoncé dans la nuit et les moteurs ronronnaient maintenant avec régularité. Le médecin-réanimateur revint à ce moment et, traversant la cabine, s'arrêta auprès des infirmiers qui surveillaient les blessés. Il fit aspirer les canules et lut attentivement les pancartes où étaient notées les constantes biologiques. Il rejoignit ensuite son camarade à l'arrière et lui tendit un gros sandwich.

– Voici les nourritures terrestres, dit-il. Une bière fraîche va nous aider à avaler cette roquette. Heureusement, nous nous chargeons par la gueule !

C'est alors que Benjamin sentit qu'il avait faim. Il mordit dans le pain et la saveur riche et familière du fromage et l'amertume croquante des olives cassées l'envahirent. Le repas se termina par des sorbets rose vif, énormes sucettes qui étaient jusque-là coincées dans le conteneur isotherme entre deux sachets de concentré globulaire.

Ils avaient déjà survolé les monts des Béni Chougrane et passé l'oued Mina au-delà duquel s'étendait la longue plaine d'Orléansville dont les lumières s'apercevaient au loin.

– C'est un véritable régal ! ne put-il s'empêcher de constater.

Et il poursuivit en demandant à Dubost des informations sur le vol.

– Nous venons de survoler Miliana et nous arrivons sur El Affroun. Tu vas découvrir Blida sur ta droite. Dans quinze minutes nous approcherons de l'aéroport civil d'Alger. De là un 4 x 4 sanitaire nous conduira à l'hôpital Maillot. Quelquefois nous avons droit à une ambulance civile ou à un hélicoptère de l'ALAT s'il s'en trouve un disponible. Tout devrait être réglé dans une heure. Notre équipe effectue trois ou quatre Evasan par semaine sur Alger en plus des ramassages et des évacuations dans le secteur de Bel Abbès.

Ils s'approchèrent des civières. Le thoracique respirait paisiblement, la tête bien droite. Son visage paraissait encore très pâle mais son souffle était mieux établi, plus ample et plus profond qu'auparavant. Un large pansement entourait sa poitrine et les tubulures des fluides, de l'aspiration et des perfusions s'entrecroisaient autour de lui. La tête de l'autre blessé disparaissait sous les bandages et seul son œil droit était visible. Les données de la surveillance étaient satisfaisantes.

Ils retournèrent vers l'arrière de l'appareil. Le médecin-réanimateur remarqua :

– Les deux gars ont certainement, en plus du reste, été fortement blastés. Un pelot de 120 n'est pas un simple pétard et, en profondeur, l'effet du souffle de l'explosion est toujours beaucoup plus important qu'on le croit, en plus des blessures apparentes qui monopolisent toute l'attention. C'est pareils pour les minés. Nous en avons transporté un, le jour de Noël, qui a fait une rupture du cœur au bout de trois semaines. Tout compte fait c'était mieux pour lui. Il avait eu deux amputations inter-ilio-abdominales et il n'avait plus ni jambes, ni organes génitaux, ni rectum. Il était vraiment coupé en deux. Oui c'était mieux pour lui. Et toi, qu'est-ce que tu fais dans ton bled ?

Benjamin allait répondre quand un des infirmiers, le stéthoscope autour du cou, vint vers eux et s'adressant au médecin-réanimateur :

– Il y a un problème, mon lieutenant, Alger est complètement bloqué par les paras et on nous a dérouté vers Boufarik. Nous allons savoir bientôt si nous avons l'autorisation d'atterrissage. Sinon il faudra retourner à Tlemcen.

– Ils sont fous ou quoi ! lâcha le médecin-aspirant. Jamais nos gars ne s'en tireront si nous ne sommes pas à Alger avant le matin. Je vais aller leur parler à ces militaires !

Et il partit à grandes enjambées vers la cabine de pilotage, assurant ses pas à chaque oscillation de l'appareil en se retenant aux sangles qui couraient au plafond.

– Boufarik ? demanda Benjamin.

– C'est une base aérienne, répondit l'infirmier, qui est située à moins d'une heure de vol. Là-bas nous avons l'embarras du choix des hélicoptères, mais j'ai bien peur que tous ne soient consignés aussi à Boufarik. Europe 1 a annoncé tout-à-l'heure que l'état de siège était établi à Alger et dans les grandes villes, Oran, Constantine, Bône et que toutes les communications aériennes, maritimes et radio étaient interrompues pour empêcher les gens de Paris de se mettre en contact avec l'Algérie. C'est comme ça que, paraît-il, Joxe et Olié ont fait le tour du pays sans pouvoir se poser. Alors vous pensez bien que nous aurons du mal à trouver une piste pour nous recevoir. C'est le foutoir partout depuis hier.

L'aspirant revint, l'air furieux :

– Sans blague, on va à Boufarik ! Et de là nous aurons, si Dieu le veut, un hélico direct pour Maillot.

– Combien de temps pour Boufarik ?

– Nous y serons bientôt mais rien ne nous dit que là-bas nous aurons un appareil pour nous emmener à Alger. Le pilote a contacté la base et attend la réponse. Le responsable du dispatching a été arrêté par les paras ce matin.

Dubost hocha la tête et se dirigea vers les blessés. Il vérifia le débit des tubulures, puis resta debout près d'eux, jouant distraitement avec la dépression d'air de la canule d'aspiration qui faisait un bref bruit de succion dans la paume de sa main.

La réponse de Boufarik ne vint pas.

Quand les lumières de la base dessinèrent l'alignement des baraquements, le DC3 perdit de l'altitude et vira pour amorcer son approche. Le régime des hélices ralentit, puis peu après les moteurs rugirent avec force faisant vibrer l'appareil qui accéléra en reprenant de la hauteur. Benjamin et Dubost s'étaient précipités ensemble vers la cabine. Ils entendirent, sans bien distinguer ses paroles, le pilote qui parlait dans le micro. Le bimoteur effectuait un grand cercle autour de la base. Les deux médecins prirent place l'un près du siège du copilote, l'autre accroupi dans l'étroite coursive encombrée d'instruments.

– Que ce se passe-t-il ? demanda Dubost en criant pour couvrir le bruit des moteurs.

– Il y a que ces idiots ne veulent pas nous laisser nous poser ici. Ordre du Général Challe, parait-il ! La base est interdite à l'atterrissage jusqu'à nouvel ordre.

– Si nous nous posons, ils ne vont tout de même pas nous tirer dessus ! Passez-moi la phonie, je vais leur parler. Laverat, vous connaissez bien les pistes ici. Faites un tour pour voir si le passage est libre et nous allons descendre tout de même.

Le Dakota s'inclina, découvrant les pistes bien visibles dans la pénombre, sans obstacle. Mais les balises étaient éteintes.

– Je vais leur demander d'allumer les rampes, dit Dubost.

Il annonça l'indicatif d'identification et attendit la réponse. Les écouteurs grésillaient mais aucune voix ne se faisait entendre. Il répéta encore son appel. L'avion fit un deuxième passage. Les pistes restaient obscures.

Le médecin-réanimateur tout en tenant ses écouteurs appliqués sur les oreilles fit signe de la main au pilote de poser l'appareil. Dans une large courbe, celui-ci effectua la manœuvre d'approche et alla prendre l'alignement. Le DC3 atteignait l'entrée de la piste quand les rampes s'illuminèrent et bientôt il toucha le sol dans un léger rebondissement des roues. Les freins sifflèrent et les sursauts rythmés des pneus sur les plaques P.S.P. se ralentirent. Puis l'appareil s'immobilisa, les moteurs au ralenti. Autour d'eux le terrain paraissait vide. Personne n'était là pour les recevoir.

Une bouffée d'air tiède envahit la cabine quand Dubost fit glisser la portière. Il sauta sur le sol, le treillis claquant au souffle des hélices, dans la poussière tourbillonnante. Il se dirigea en courant vers le baraquement le plus proche devant lequel était garée une jeep et dont les fenêtres étaient ouvertes. Sa silhouette se détacha un instant sur le fond éclairé d'une porte entrebâillée pour disparaître aussitôt à l'intérieur. Il en ressortit presque immédiatement, suivi par un gradé en uniforme d'aviateur et revint avec lui vers l'appareil. Ils grimpèrent tous deux dans la cabine. Benjamin entendit le gradé qui vociférait dans le micro et il put saisir quelques lambeaux de phrase :

– Fais pas l'idiot ! Il y a deux gars qui vont crever. Passe-moi Alger tout de suite !

Les moteurs rugirent de nouveau. Le DC3 pivota sur place et, portière ouverte, roula sur la piste sur quatre cents mètres environ, parcourant encore une bonne distance avant de stopper près de la tour de contrôle. Le gradé et Dubost allèrent parlementer, et quand le médecin revint il était seul. Le gradé était resté là-haut, sans doute pour mieux diriger les opérations.

– On nous attend à Alger, dit-il en verrouillant la portière.

Benjamin avait repris sa place à l'arrière avec les infirmiers. Dubost était avec le pilote.

Le vol dura vingt-cinq minutes, à très basse altitude. Ils découvrirent la mer luisant sous la lune quand le bimoteur gîta avant l'arrivée.

Dubost revint de la cabine, le visage détendu.

– Rien ne nous a été épargné, dit-il en souriant. Mais nous voilà sans doute au bout de nos peines.

Un sergent et deux soldats les attendaient devant l'aérogare faiblement éclairée. Ils expliquèrent que la dernière étape se ferait en hélicoptère jusqu'à l'hôpital Maillot à cause des barrages militaires qui interdisaient la circulation sur les routes conduisant à Alger. C'est alors que plusieurs hommes en treillis léopard sortirent de l'ombre et hissèrent dans l'avion deux civières. Derrière eux s'avançait un capitaine, sanglé dans son uniforme de parachutiste, le béret rouge légèrement incliné sur l'oreille. Son visage exprimait un mélange de fermeté et de bienveillance. Il alla vers Dubost et annonça :

– Cet avion est consigné. Dès que vous aurez transféré les blessés, il sera mis à la disposition du commandement de notre unité. Nous allons vous aider à les transporter jusqu'à l'hélico.

Un Bell attendait à proximité, sa bulle luisant dans la nuit. Les civières furent installées de part et d'autre du fuselage et Benjamin admirait la dextérité des hommes qui avaient terminé leur ouvrage en quelques minutes, serrant les courroies, assurant les fixations et en vérifiant la stabilité. Le médecin réanimateur parlementait maintenant avec les parachutistes et l'éclat de leurs voix résonnait dans le silence de la nuit.

– Va à Maillot tout seul, cria-t-il à l'intention de son camarade. Nous restons ici avec le DC3. Nous allons essayer de récupérer le matériel.

– Alors Salut !

Benjamin inspecta rapidement les deux civières et prit place à côté du pilote qui lança le rotor. Peu après, l'appareil s'éleva et fit route vers l'Ouest. Dans la nuit claire ils apercevaient la route nationale qui va vers Retour de la Chasse après avoir franchi la voie ferrée. Les lumières lointaines de Maison Carrée s'effacèrent rapidement tandis que déjà l'appareil franchissait l'embouchure de l'oued El Harrach et que, devant eux, la mer scintillait sous les étoiles. Ils passèrent au-dessus de l'hippodrome, longeant la côte vers Hussein Dey et bientôt ils survolaient à faible altitude les banlieues Est d'Alger avec la pente des collines couvertes d'immeubles. Après le vaste quadrilatère sombre du Jardin d'Essai, le Bell mit le cap sur le phare de l'îlot Nord qui signalait l'Amirauté, au-delà du bassin de l'Agha avec ses alignements de réservoirs. Sur la colline, la Casbah formait une tache claire. Ils étaient déjà tout près de l'hôpital Militaire Maillot dont ils contournèrent les constructions pavillonnaires dispersées parmi les jardins pour aller à l'aplomb de la drop zone. Quand ils eurent touché le sol, il virent venir vers eux un groupe d'hommes et de femmes en blouse blanche entourant les chariots-brancards qu'ils poussaient sur la rampe d'accès longeant l'escalier. Tous ces gens entourèrent le Bell dont le rotor s'était immobilisé. Ils libérèrent les civières, les hissèrent sur les chariots et gravirent rapidement avec elles le plan incliné. Benjamin les avait regardé faire. Personne ne s'était occupé de lui. Il interrogea l'homme en blouse qui lui paraissait avoir la responsabilité de l'équipe d'accueil. Celui-ci répondit :

– Tout va bien, nous avons reçu les renseignements nécessaires par radio. Vous pouvez partir.

Il les vit s'éloigner puis disparaître sous le porche au-dessus duquel on pouvait lire « Urgences chirurgie ». Le silence l'entoura. Il se dirigea vers l'hélicoptère.

– C'est terminé, dit-il au pilote. Vous pouvez repartir.

Le pilote salua de la main et claqua la portière.

Benjamin cherchait du regard le chemin de la sortie. Il alla vers un escalier qui descendait sur un côté de l'aire d'atterrissage. Il entendait le sifflement des pales qui fauchaient l'air puis l'ombre rugissante de l'appareil passa au-dessus de sa tête avant de disparaître derrière les toits. L'escalier conduisait à un cul-de-sac obscur. Il rebroussa chemin et remonta sur l'esplanade d'où le Bell avait décollé. Une large baie vitrée s'illumina et vint éclairer les alentours, révélant une allée bordée de lauriers roses dont les fleurs faisaient des taches claires dans la nuit. Le médecin s'y engagea. Au bout de l'allée s'ouvrait une vaste cour où étaient stationnées des voitures civiles. Plus loin il aperçut une haute grille surmontant un mur et, franchi un portail flanqué d'une loge de gardiennage, il arriva dans la rue.

C'est alors qu'une angoisse soudaine arrêta ses pas. Sa vue se troubla et il dut se mordre la lèvre pour ne pas crier.

Il avait oublié la serviette en route !

Chapitre 8

Alger - Dimanche 23 avril 1961

Il resta sans pouvoir faire un pas, le regard fixe, essayant de rassembler ses idées et de rameuter ses souvenirs.

La rue où il se trouvait était éclairée par de rares réverbères et vide de passants. Il s'adossa au mur d'enceinte de l'hôpital, les bras croisés. Il ressentait un immense sentiment de découragement comme s'il s'était trouvé devant un puzzle indéchiffrable. Où avait-il laissé la serviette et maintenant où se trouvait-elle ? Il constatait avec horreur qu'il avait peut-être sans le savoir complètement négligé sa véritable mission. Il ne pouvait s'expliquer comment il avait pu fixer toutes ses pensées, son attention et son anxiété sur le devenir de ses blessés, comme s'il était investi du seul emploi de convoyeur et comme si, au-delà de ce rôle, sa vie devait s'arrêter. Maintenant l'Evasan lui apparaissait comme un songe passager et son réveil brutal le renvoyait dans le monde des choses terribles du réel où il sentait qu'il lui faudrait un jour rendre des comptes. Il se reprochait maintenant l'impression de facilité et de confort qui l'avait envahi durant les heures précédentes alors qu'il éprouvait seulement l'ivresse légère qu'apportent la négligence et la faute avant l'heure des regrets et des remords.

Comment avait-il pu s'intéresser si peu à cette petite sacoche de cuir ? L'homme qui la lui avait remise, il ne le connaissait pas et il n'avait même pas essayé de savoir qui, en réalité, il était, d'où il venait et ce qu'il voulait. Et la serviette elle-même, que contenait-elle ? Il savait seulement qu'il fallait la remettre à l'Amiral Curville dans les délais les plus brefs. Pourquoi l'avoir choisi lui, médecin, pour ce travail de vaguemestre alors que tous les jours des dizaines de courriers maritimes et aériens parcouraient les côtes et les terres d'Algérie. Il fallait que le contenu en soit ou bien dérisoire ou bien formidablement important pour avoir opté pour une transmission aussi marginale.

Au fil de ses pensées Benjamin sentait son sang-froid revenir. Il connaissait bien ces moments d'anéantissement passager d'où il émergeait apaisé et presque confiant sans que rien d'objectif puisse venir justifier son nouvel optimisme. C'était son esprit d'entreprise qui reprenait le dessus. Il avait toujours, par nature, laissé les événements se construire d'eux-mêmes, économisant à l'extrême les efforts qui auraient pu en modifier le déroulement. Il vivait ainsi dans une sorte de constant apaisement. Et puis il y avait les orages de la vie. Il se sentait alors submergé par une panique soudaine mais en quelques instants voyait ses forces renaître, son imagination s'emporter et il passait à l'action, rassemblant tous ses pouvoirs pour sortir de la tempête.

Il observa son ombre que projetait sur le gravier l'éclat blafard d'un réverbère. Il remarqua que ses épaules étaient voûtées et, d'un étirement accompagné d'un écartement des bras, il redressa sa silhouette. Il entreprit de fouiller son treillis. Dans la poche de poitrine gauche était sa carte d'immatriculation et un stylo à bille. Dans celle de droite, il trouva un petit rouleau de billets de banque tenus par un élastique et qu'il gardait toujours sur lui. Les poches latérales contenaient le tour de cou ensanglanté du thoracique et un chargeur du PA. Le PA heureusement était resté à El Aroussa sous son lit de camp, sur les caisses de roquettes. Les larges poches de cuisse du pantalon étaient bourrées du matériel de pharmacie qu'il emportait dans tous ses déplacements.

Son inventaire terminé, il lui fallait maintenant se rendre à l'Amirauté. C'était son seul contact logique, même s'il n'avait pas la sacoche à remettre à l'Amiral. Il retrouverait là-bas les milieux de la Marine et il verrait sur place comment se tirer de la situation où il s'était mis.

Il prit à gauche, suivant la déclivité de la rue. Il avait été impressionné, pendant son instruction, par les consignes simples qui lui étaient données pour le choix de la direction à prendre lorsqu'on ne savait pas où aller. Il était conseillé de préférer la descente qui donne plus de vitesse, retarde la fatigue, entraîne vers des zones sombres où on passe facilement inaperçu et conduit le plus souvent vers un cours d'eau où l'on peut boire et où les traces sont faciles à brouiller. Depuis lors, il avait pu remarquer qu'au dénouement des films d'aventure, les méchants, promis à une fin prochaine, agissaient le plus souvent en sens contraire et couraient à leur perte en fuyant vers les hauteurs.

Il partit donc par le Boulevard de Champagne, en longeant le mur d'enceinte de l'hôpital, certain, en descendant, de s'approcher de la mer et de rencontrer quelque Algérois qui lui dirait le chemin vers l'Amirauté.

Tout en marchant il essayait d'imaginer la meilleure voie pour organiser ses recherches. Idéalement, il lui faudrait refaire ce jour-même en sens inverse tout l'itinéraire de son Evasan, en interrogeant les équipages et en fouillant les appareils puis, s'il retrouvait la serviette, revenir à Alger. Il ne voulait à aucun prix rentrer bredouille au poste et si le message contenu dans la sacoche était urgent il fallait absolument avoir résolu la question avant le soir.

Il marchait depuis plus de dix minutes par l'Avenue des Consulats quand il atteignit l'Avenue Durando sans avoir rencontré âme qui vive. Sa montre marquait minuit et demi. Quelques fenêtres éclairées trouaient les façades sombres. Il était passé devant deux ou trois cafés, tous fermés, et avait entendu des voix qui venaient de derrière les rideaux baissés.

Suivant la Rampe Vallée il arriva près d'un croisement de rues quand une ombre surgit devant lui et lui barra la route.

– Qui va là ?

Il entendit claquer la culasse d'une arme et l'autre répéta :

– Qui va là ?

– Médecin.

– Qu'est-ce que vous faites dehors à cette heure ? Venez avec moi, on va vérifier.

Benjamin n'était pas mécontent de rencontrer quelqu'un, même s'il fallait perdre quelques minutes en explications.

L'ombre lui fit signe d'entrer dans l'immeuble voisin dont la porte était largement ouverte sur un corridor obscur. Quelqu'un éclaira le premier étage et Benjamin vit un escalier au fond du couloir. Il s'y engagea suivi de son gardien. Celui-ci était un parachutiste athlétique qui avait refermé la porte d'entrée, son PM à la hanche. Arrivés sur le palier, ils se dirigèrent vers la porte entrebâillée d'où filtrait la lumière et qui s'ouvrit devant eux. Plusieurs officiers étaient assis sur des canapés de cuir encadrant une table basse en palissandre ajouré, au plateau oriental marqueté de motifs géométriques en nacre, et couverte de feuillets dactylographiés. Le para se pencha vers l'un des officiers, un colonel de la Légion, et murmura quelques mots à son oreille. L'officier leva la tête et toisant le médecin il s'écria :

– Mais ce n'est pas un marin ! C'est un naufragé !

Et il ajouta d'un ton narquois :

– Que pouvons-nous faire pour vous ?

Benjamin se savait une cible facile pour les moqueries courtoises qu'affectionnaient les officiers supérieurs mais il ne s'en offensait pas, tant il avait constaté que leur ironie bonhomme à l'égard des médecins faisait vite place à une amicale coopération. Son éducation militaire, somme toute récente, lui avait d'abord fait considérer ces hommes comme uniquement marqués pour le fond par la dignité de leur mission, leur sens profond du devoir, la virilité de leur emploi mais il découvrit bientôt que pour la forme ils agissaient d'avantage comme le feraient des femmes, avec un extrême souci du détail, une certaine coquetterie du langage, un attachement sourcilleux aux accessoires et du même coup il comprenait mieux leur dévotion à l'uniforme, à la toilette, aux marques extérieures de respect. Et c'est pourquoi il s'appliqua dès lors à les traiter comme tels, en échange de leur indulgence qu'il devinait presque maternelle. Il attendit donc la suite sans rien répondre.

De fait, l'autre poursuivit :

– Allez d'abord vous regarder dans un miroir et nous nous reverrons ensuite.

Le para le conduisit au fond du couloir. Il y avait là une chambre occupée par plusieurs lits placés en désordre avec une armoire à glace en pitchpin verni. L'image de lui-même qu'il vit en s'y mirant n'était pas aussi effrayante que la remarque qu'on lui avait faite aurait pu le laisser imaginer. Sa casquette de drap bleu tenait bien sur sa tête, la jugulaire détendue, comme à l'accoutumée passée sur la visière, l'écusson marine un peu oblique. Il rectifia sur ses pattes d'épaule la position des deux galons oxydés et rajusta son chèche un peu floche. Une pichenette fit tressauter le petit bouton doré de l'épaule gauche qui servait à attacher la fourragère de la Légion d'Honneur, les jours de sortie à terre. Son vert, comme ses pataugas était incrusté de poussière ocre et marqué de deux larges taches de sang séché et de nombreuses éclaboussures grisâtres, avec un accroc au genou droit. Il déboucla son ceinturon, secoua la toile du treillis et donna ensuite quelques claques sur le haut de son bras gauche pour réveiller l'éclat de l'insigne de la DBFM sur lequel se croisaient sur fond de feutrine rouge deux ancres brodées au coton noir. Il termina en constatant que sa barbe commençait à dessiner une ombre inquiétante sur son visage pourtant bronzé et se promit de trouver à la première heure un barbier pour lui rendre meilleur aspect.

Il regagna le salon où étaient réunis les officiers et l'un d'eux lui tendit un verre d'orangeade pendant que le para, refermant la porte en silence, allait reprendre sa faction.

En quelques mots le médecin résuma l'Evasan qui l'avait conduit à Alger. Comme son récit s'achevait, son interlocuteur interrompit la conversation des autres officiers qui jusque-là étaient absorbés par l'examen des documents qui circulaient de main en main.

– Le toubib vient de la Zone Opérationnelle Ouest. Il va pouvoir nous donner des nouvelles du secteur d'Oran.

Et, se tournant vers Benjamin, il ajouta :

– Vous êtes allé à Tlemcen et aussi à Bel Abbès. Que se passe-t-il là-bas ?

Le silence se fit et tous les regards convergèrent vers le médecin. Parmi les officiers, un quatre galons du 2ᵉ RIMA était certainement un homme de terrain. C'était un quadragénaire, plutôt petit, le visage étroit prolongé par un nez en bec d'aigle, les yeux gris, une courte pipe entre les dents. Sur sa tunique de drap kaki, il ne portait comme insigne que la barrette de la Croix de la Valeur Militaire avec palme. L'allure des autres était davantage celle d'habitués des états-majors, la poitrine barrée d'impressionnantes rangées de décorations, avec ce maintien à la fois mondain et familier qu'il avait connu chez les Inspecteurs des Armées qui venaient quelquefois à Beraoun.

Ces hommes attendaient de lui des informations qui paraissaient décisives. Or il se rendit compte qu'il n'avait que peu de renseignements à leur communiquer sinon que les bases où il était passé semblaient plutôt vides et abandonnées.

Il parla du franchissement de l'important groupe de rebelles venus du Maroc au sud de Marnia et son auditoire parut surpris par cette nouvelle.

– Vous voyez bien qu'ils passent tout de même à l'attaque, remarqua l'un des officiers. Il était fou de croire qu'ils nous laisseraient le temps de rétablir la situation en se tenant tranquilles les premiers jours. Je ne sais qui pouvait imaginer que les rebelles coopéreraient tacitement avec nous. La paix des braves, c'est fini depuis longtemps. Maintenant ce sera plutôt la lutte au finish et les autres vont profiter de la pagaille pour marquer des points.

Le colonel de la Légion demanda quelle était l'attitude des hommes et des cadres devant les événements. Benjamin se souvint de quelques remarques qu'il avait entendues et qui témoignaient de l'absence d'information à tous les niveaux et aussi de l'indifférence des appelés.

– Ceux que vous avez rencontrés ne sont pas ceux qui nous intéressent, répondit l'officier, comme s'il cherchait à se rassurer. Vous m'avez dit que la plupart des officiers étaient partis aux renseignements et il faut leur laisser le temps de faire le point pour prendre leurs troupes en main. Et d'abord, poursuivit-il en se tournant vers ses collègues, je crois qu'il est urgent de faire taire les émissions sur ondes courtes que les gens de Paris ont réussi à faire diffuser à partir des émetteurs régionaux d'Algérie. En tous cas, dit-il en souriant à Benjamin, nous avons eu ce matin l'accord complet de la DBFM. Les commandos Marine aussi marchent avec nous. Ce sont de magnifiques combattants qui savent que la parole donnée ne se reprend pas. On ne peut pas en dire autant de l'Amiral Curville qui a envoyé à la même heure deux messages qui donnent son appui inconditionnel, l'un à Paris et l'autre à Alger. Mais nous devrions réussir sans lui et même malgré lui.

Le ronflement d'un moteur et un crissement de pneus dans la rue détournèrent l'attention et interrompirent le dialogue. Un des officiers quitta son siège en disant :

– Si c'est lui, il est en avance.

Et il sortit pour accueillir le nouveau venu.

Tous se levèrent. Le médecin posa son verre et, faisant comme les autres, se tourna face à la porte du couloir restée ouverte. Un bruit de pas se fit dans l'escalier et un homme apparut, en civil, la soixantaine, de taille moyenne, de corpulence râblée, le visage carré sous les cheveux taillés très courts. Sa physionomie n'était pas étrangère à Benjamin qui essaya, sans y parvenir, de donner un nom à ce personnage.

Un bref silence fut rompu par l'officier qui était allé à sa rencontre.

– Tout le monde est arrivé, mon général.

Et il fit les présentations de chacun des officiers.

A ce moment, la porte s'entrouvrit sur un cinq galons de la 10e Division de Parachutistes qui s'adressa au général :

– Je crois avoir bien compris vos ordres, mon général, mais que dois-je faire si les forces terrestres qui défendent la base aérienne nous résistent ?

Le général répondit d'une voix posée :

– Je vous ai dit de marcher sur Telergma, d'arrêter Joxe et Olié de vive force s'il le fallait ou de les contraindre à prendre la fuite puis de vous replier ensuite sur Constantine.

– Mais on ne va pas tirer ?

– Il faudra éviter de le faire, mais si c'est indispensable pour prendre la base, je ne vois pas d'autre moyen, à moins de se déclarer battus d'avance. N'oubliez pas que l'enjeu nous dépasse tous et qu'il s'agit de l'Algérie et de toutes ses populations. Et aussi, souvenez-vous que nous n'avons pas le droit de perdre cette guerre. Si nous sommes vaincus, on fera de nous d'affreux fascistes. Si nous sommes victorieux, on nous laissera tranquilles.

L'officier resta un instant silencieux, les lèvres serrées, puis, sans lever le regard, se retira en fermant lentement la porte.

Le général invita les officiers à s'asseoir et, sans attendre, annonça :

– J'ai d'abord de mauvaises nouvelles à vous dire. En premier lieu, les Izvestia de Moscou ont, hier soir déjà, dénoncé la complicité de l'Amérique dans notre affaire et ce matin, la presse communiste en France et en Italie a repris et amplifié l'information, ce qui va certainement nous mettre l'opinion publique à dos. En second lieu, je me suis fait établir le bilan sur place au jour le jour. Nous disposons ici d'à peine douze millions de francs en espèces dans les coffres de la Banque de France, d'un million en or et en devises étrangères, et en tout pour trois semaines de médicaments, de carburant et de munitions. Vous savez que nous avons cinq cent mille hommes sur le terrain et même si l'ALN est épuisée il nous faudra la contenir. Vous savez aussi que le Maroc et la Tunisie ne nous épargnent pas en parlant de colonialisme, de génocide et j'en passe. Maintenant les bonnes nouvelles. Nous avons le soutien du Canada, de l'Espagne, de l'Allemagne Fédérale et l'Afrique du Sud attend de voir ce que nous serons dans huit jours. En métropole, la haute finance et l'industrie tiennent pour nous. Nos amis américains décideront de leur attitude selon notre détermination plus que selon nos succès. Pour réussir nous devons donc tenir jusqu'à la fin de la semaine. Je m'y suis engagé et je compte sur vous.

Benjamin s'était discrètement retiré vers un coin du salon et, comme personne ne paraissait prêter attention à lui, il se dirigea sans bruit vers la sortie. C'est alors qu'il passait près de lui que le général l'aperçut et lui tendit une main que le médecin serra en bredouillant « Mes respects mon général ». L'autre lui répondit d'un air pénétré :

– Ah ! Les fusiliers-marins, les égaux des meilleurs ! Vous êtes avec nous et nous en sommes fiers.

Le groupe d'officiers se referma autour du général qui, après un bref silence, demanda :

– Vous avez, certainement, Messieurs, des questions à me poser.

Un colonel de l'Armée de Terre toussotta.

– Je vous écoute.

– Mon Général, vous nous avez bien dit que la situation était préoccupante pour ce qui concerne nos réserves financières. Quelles solutions le commandement propose-t-il pour honorer en temps et en heure nos engagements envers les populations et envers l'Armée alors que nous sommes à la fin du mois et que l'échéance…

– Vous oubliez un élément de poids, coupa le général. Et c'est ce dont je pourrai vous parler plus précisément quand le moment sera venu. Sans trahir de secret, je peux vous dire que Washington sait qu'il y a à Alger un groupe de chefs militaires bien implantés dans le pays, soutenu par les populations européennes et musulmanes et vainqueur d'une rébellion armée noyautée par les blocs de l'Est. Nous sommes ce groupe, désireux de tenir ses engagements vis-à-vis des Algériens contre le plan de De Gaulle qui va, à court terme, nous le savons, livrer le pays au communisme. Le soutien de la démocratie à Alger s'inscrit dans le programme qui avait inspiré l'opération de Cuba contre Castro. On peut penser que la réussite en Algérie pourra au moins démontrer au monde libre qu'il peut compter sur le soutien des Etats-Unis pour le meilleur et pour le pire.

– Ne croyez-vous pas, Mon Général, que pour nous il soit trop tard ?

– Si notre mouvement est soutenu matériellement, le succès sera assuré sans effusion de sang et dans des délais très courts. Mais la règle fondamentale reste que l'opération apparaisse au monde comme mise au point et exécutée par les Algériens eux-mêmes afin que les Etats-Unis soient en mesure de la désavouer si nécessaire.

Un capitaine de l'Armée de l'Air intervint à son tour :

– Ne pouvons nous craindre un double jeu de leur part ? N'oublions pas qu'en 1957 déjà, le FLN avait obtenu des Américains leur soutien pour accorder l'Indépendance à l'Algérie, comme si le problème avait cessé d'être strictement français.

– La situation n'est plus la même. Vous savez parfaitement que depuis que de Gaulle a dévoilé son intention de traiter avec le Gouvernement Provisoire de la République Algérienne, les Français de métropole n'ont pas réagi. Ils sont, il est vrai, manipulés par les mouvements pacifistes et par les désinformateurs des partis de l'Est par presse d'opinion interposée. Pour eux, la guerre d'Algérie est une croisade colonialiste au service d'une minorité de colons exploiteurs et sanguinaires. Nous avons maintenant le devoir d'endosser toutes les responsabilités. Si nous réussissons, cela veut dire qu'après trois mois les rebelles sont ralliés ou anéantis, que la paix est rétablie, que les lois démocratiques s'appliquent à toutes les communautés.

Le Général marqua une pause puis ajouta :

– Et en toute confidence, je peux vous confirmer que mes collègues de l'OTAN ne seraient pas vraiment fâchés de voir de Gaulle disparaître de l'arène internationale où il a toujours affiché une grande liberté vis-à-vis de l'alliance atlantique. Et maintenant, voici le plan en huit paragraphes que nous allons exécuter immédiatement. Nous avons deux priorités : l'une concerne l'embargo sur le pétrole saharien de façon à posséder une monnaie d'échange, l'autre, le bouclage de la zone de Reggane pour interdire l'essai atomique prévu les jours prochains.

Jugeant le moment propice à sa sortie, personne ne prêtant attention à lui, le médecin se glissa dans le couloir. Comme il débouchait dans la rue, le parachutiste lui lança :

– Alors la toilette est finie ?

Puis il reprit sa faction silencieuse.

Benjamin avait parcouru une centaine de mètres quand il s'aperçut qu'il ignorait toujours où se trouvait l'Amirauté.

Il revint sur ses pas et le para lui indiqua de la main la direction du port en ajoutant :

– Faites attention, c'est le couvre-feu depuis minuit, les patrouilles sont nerveuses ces temps-ci.

Il était quatre heures du matin. Quittant la Rampe Vallée, il prit à droite et crut alors entendre comme des chants et des cris que la brise apportait par vagues lointaines puis il s'immobilisa brusquement quand une jeep passa en trombe, tous feux éteints. Plus loin, il traversa le vaste jardin de Marengo entourant une fontaine de pierre où clapotait un jet d'eau et dont les allées sinueuses divisaient les massifs de palmiers, de yuccas et de plantes grasses. Des jeunes gens, insouciants du couvre-feu, assis autour du pied d'une haute colonne de marbre lui lancèrent de bruyants saluts en agitant les bras. Il longea la grande mosquée Djemaa Kebir et, après avoir franchi un alignement de maisons à arcades bordant une rue pavée où couraient des rails de tramway, il sentit sur son visage la brise de la mer. Devant lui s'étendait le port, fermé vers le large par deux immenses jetées bornées par les musoirs du Sud et du Nord, avec quelques mâts de voiliers et plus loin à droite la silhouette des navires de commerce et les grandes grues des docks du bassin de Mustafa. Il reconnut l'Amirauté, vaste et belle construction de pierre blanche, bâtie en gradins majestueux et qui bordait à leur limite Ouest les quais de la darse, l'ancien port des corsaires barbaresques. La plupart des portes-fenêtres du rez-de-chaussée étaient éclairées ainsi que quelques fenêtres au niveau des terrasses.

Chapitre 9

Alger - Dimanche 23 avril 1961 - 5 h 00

Benjamin s'approcha du grand édifice, franchit le portail ouvert et après avoir gravi les marches de pierre, poussa la porte vitrée, surpris de ne pas avoir rencontré les gendarmes maritimes de faction.

Il se trouvait dans un vaste hall, au sol dallé de marbre polychrome, éclairé par d'élégantes appliques de cuivre avec un gros extincteur rouge dans un coin et il continua son chemin vers le couloir latéral où s'entendait un bruit de voix. Les deux officiers-mariniers se levèrent à son entrée dans le bureau où ils finissaient de prendre leur collation de fin de garde. Ils indiquèrent au médecin que l'amiral était absent depuis la veille mais que son second pourrait certainement le recevoir vers 9 heures, quand il prendrait son service.

Il repartit vers le port et s'avança le long du quai encombré de gros ballots couverts de bâches. Il avait bien quatre heures devant lui. Le clapotis de l'eau animait à peine le silence de la nuit. Comme à Nemours, quand il attendait le canot major sur la jetée du port, les soirs de permission à terre et qu'il restait à contempler l'eau profonde et noire où les lamparos traçaient un sillage phosphorescent. Ces grandes barques de pêche étaient pour la surveillance côtière des unités d'intervention et d'interception redoutables quand elles démasquaient leur mitrailleuse et lançaient leur puissant diesel à la poursuite des passeurs d'armes venus de Saïdia.

Il songea à retourner à l'Amirauté demander aux officiers-mariniers un lit où il pourrait se reposer jusqu'au lever du jour mais il se souvint que lorsqu'il était de garde aux urgences de l'hôpital à Paris et qu'il avait opéré tard dans la nuit, il se trouvait bien en ne se couchant pas et en commençant sa nouvelle journée sans prendre aucun sommeil. Il résistait ainsi sans difficulté jusqu'au soir suivant. C'était l'époque de l'impitoyable guerre que les partisans du Front de Libération Nationale conduits par Ben Bella menaient en France contre ceux du Mouvement Nationaliste Algérien de Messali Hadj.

Chaque soir des ambulances et quelquefois même des camions déposaient à l'hôpital des dizaines de blessés et de morts tombés au cours de véritables batailles rangées. Le F.L.N. était resté maître du terrain après plusieurs mois de combats, grâce à sa supériorité en hommes et en armement.

Benjamin chercha donc en longeant les docks un endroit où il pourrait se restaurer et faire sa toilette. Après la darse, il passa devant l'École de Santé Maritime, laissa à sa gauche le môle de pêche et parvint bientôt près d'un grand mur, soutenu par de hautes arcades et au sommet duquel courait une balustrade. Il découvrit un escalier qui le conduisit sur la promenade qui surplombait le port et il se trouva sur la place du Gouvernement dominée par l'ombre massive de la Mosquée des hanefis Djemaa Djedid. Il traversa le vaste espace au centre duquel se tenait figée la statue équestre du Duc d'Orléans.

Au-delà de la rue Bab El Oued, des ruelles pénétraient dans la ville avec déjà quelques boutiques éclairées et des passants nombreux qui bavardaient autour. Une dizaine de parachutistes de la Légion étaient assis le long du trottoir, leur arme entre les genoux. A l'angle de la rue Bab Azoun et de l'escalier de la rue Scipion il prit place à la terrasse d'un café où se trouvaient attablés quelques Européens. A son arrivée, ils firent silence en l'observant puis reprirent leur conversation animée tout en jetant de temps en temps un regard de son côté. Benjamin découvrait avec curiosité et étonnement le réveil de ce quartier populeux qui sentait l'ail et le poisson frit. Des mauresques enveloppées dans leur haïk blanc qui ne laissait découvert que l'œil droit descendaient de la Casbah, faisant claquer leurs sandales sur les marches humides et quelques portefaix allaient à grands pas vers le marché de Chartres, les genoux fléchis, les pieds écartés, chargés de couffins débordants d'aubergines et de poivrons.

Le serveur prit la commande et revint bientôt portant sur un plateau un grand bol à carreaux rouges, un pot de café fort, un sucrier de verre et une corbeille remplie de croissants.

Les voitures en passant rythmaient sur leur avertisseur les cinq syllabes de l'Algérie Française. Un M'zabite, vêtu d'un pantalon gris bouffant et d'un gilet noir, une calotte noire sur l'occiput rangeait l'éventaire de son épicerie.

Le parfum du café et celui des croissants tièdes caressèrent agréablement Benjamin. Il sentait revenir en lui cette quiétude qu'il aimait et redoutait à la fois. Il versa le liquide brûlant dans le bol, y mit deux morceaux de sucre en les posant verticalement l'un sur l'autre pour les voir s'effondrer brusquement dans le café qu'il agita ensuite avec la cuillère en suivant la course tourbillonnante des bulles à la surface. Puis, ajoutant un morceau de sucre, il continua à mélanger lentement le liquide jusqu'à la disparition de la dernière bulle. Il brisa alors une des cornes d'un croissant et la trempa à petits coups dans le café avant de la téter du bout des lèvres, pour ne pas se brûler.

Les hommes, à côté de lui, sans doute des gens de la Marine Marchande avaient repris à voix forte leur conversation un instant interrompue.

– Il n'empêche que le Bulgaria est passé. Ce n'était pourtant pas difficile de l'arraisonner puisque depuis son départ de Roumanie il avait été repéré par les radars et après ça suivi par les Neptune [1] de la Surmar [2] au large des côtes italiennes et espagnoles. Et juste au moment où les avisos de la Marine allaient le faire stopper, patatras ! Message de Paris : Laisser passer le Bulgaria. Et tu sais pourquoi ? Parce que les sous-marins soviétiques étaient là, eux aussi, prêts à intervenir.

– Et alors ? Un sous-marin, ça se coule. On a bien arraisonné le Slovenija, le Lidice et aussi l'Athos. Tiens ! L'Athos, je l'ai vu amarré en face de nous, là, à quai, et tu sais tout ce qui a été débarqué de ses cales, des sturmgewehr, des panzerfaust, des bengalores et toutes ces saloperies qui nous seraient revenues sur la figure si par malheur il avait pu atteindre le Maroc.

– Nous autres, le Bulgaria, on l'a croisé près de Gibraltar et il est allé ensuite tranquillement livrer les armes et le matériel à Mellila.

– C'est pas possible. A Paris, ils n'ont vraiment rien dans le pantalon ou alors ils sont d'accord avec les Polonais.

– Les Polonais ?

[1] Avion de Surveillance Maritime.

[2] Surveillance Maritime.

– Oui le Bulgaria était affrété par les Polonais pour livrer aux fells du matériel allemand de l'Est qui avait transité par la Roumanie.

Peu à peu le carrefour s'était animé et des passants s'interpellaient en échangeant les dernières nouvelles du coup d'état militaire. On sentait frémir dans chaque propos une excitation joyeuse et une atmosphère de fête semblait régner sur la ville, enivrant les esprits et éclairant les visages.

Le petit déjeuner était délicieux. Benjamin avait entamé le deuxième croissant quand un vacarme soudain le fit se retourner. A la table voisine, on avait installé un poste de radio et le carrefour retentissait des martèlements d'une marche militaire que les hommes attablés rythmèrent aussitôt en frappant dans leurs mains. Il entendit aussi d'autres échos qui venaient des fenêtres éclairées. Après quelques minutes la musique cessa brusquement, remplacée par le grésillement de la radio. Tout le monde se taisait. Une voix forte, au timbre vibrant, lança alors la déclaration suivante :

– « Ici Radio-France. Le commandant en chef des forces françaises en Algérie confirme que les prochaines libérations des militaires appelés du contingent interviendront aux dates prévues. Les événements actuels n'auront aucune influence sur la durée du service militaire. Tous les algérois sont invités à se rendre cet après-midi à 16 heures au port pour assister au départ du transport de troupes qui doit quitter Alger pour la métropole avec à son bord 800 appelés. Venez tous les acclamer et les remercier de s'être battus pour défendre notre patrie. »

Et la fanfare de scander son refrain qui se perdit dans le tintamarre que faisait en passant sur un aiguillage un tramway jaune avec une motrice et une jardinière où était écrit en lettres noires « Ben Aknoun ».

Étrange pays qui l'entourait et étranges habitants ! Depuis son arrivée en Algérie, Benjamin n'avait pas échangé trois mots avec d'autres algériens que ses harkis et les villageois berbères du secteur frontalier. Ici, il découvrait un monde nouveau, une ville propre et belle, des hommes et des femmes dont personne autour de lui ne parlait jamais et qui étaient des millions à vivre comme d'autres Français, mais à côté et très loin des autres, loin des vrais, ceux de Brest, de Toulouse ou d'Angoulême. Sur le mur, en face du bar, une inscription en large cursive écaillée par le temps disait :

« Défense d'afficher, loi du 29 Juillet 1881 ». Un barbouillage rouge la barrait obliquement : « Algérie Française ».

Il se considérait pourtant comme étranger à cette terre, tant il ressentait comme ces gens étaient ici chez eux, ces petits neveux de conquérants et de pionniers, plus proches que lui de l'origine des choses, fiers d'une place méritée où chacun, l'Alsacien de 1870, le Maltais, le Juif de 1492, l'Arabe, l'Italien, le Berbère, était un envahisseur d'envahisseurs. Il en résultait, lui semblait-il, une communauté de vie qu'il considérait avec surprise tant il était accoutumé à se considérer comme appartenant à un peuple intolérant à tout ce qui n'était pas lui-même.

Profitant du trouble que le communiqué avait provoqué, un grand gaillard tout sec, au visage creusé de rides profondes, coiffé d'un panama flambant neuf, s'avançait vers le groupe, les pouces au revers de son veston de toile. Les regards s'étaient portés sur lui et ceux qui étaient attablés firent silence comme s'ils étaient certains que le nouveau venu apportait une nouvelle importante. De fait, assuré de l'attention générale, il annonça :

– Mes amis, vous vous souvenez sans doute de ce que je vous avais laissé entendre hier soir. Eh bien, je viens vous dire que nous avons gagné. Je tiens de bonne source que, dès demain, les Américains vont débarquer et nous apporter le soutien dont nous avons bien besoin. C'est Challe qui a monté le coup, lui qui était copain-copain avec l'OTAN. Les États-Unis ont besoin de faire oublier leur échec de la Baie des Cochons, à Cuba, la semaine dernière et en plus, ils vont jouer un mauvais tour à de Gaulle. Nous allons avoir des renforts en matériel, de l'argent et des vivres pour éviter de rationner l'armée et la population. Tout est prêt pour les accueillir et la 6e flotte ne doit pas être bien loin à l'heure où je vous parle. Donc, les amis, confiance !

Sans attendre la réaction des autres, l'homme salua d'un geste rapide en fauchant de l'index le bord de son chapeau et s'éloigna à grands pas.

C'est presque timidement que Benjamin alla vers les Algérois de la table voisine pour savoir où trouver une blanchisserie.

– Au bout de la rue Bab Azoun, vous ne pouvez pas vous tromper, c'est rue du Caftan, juste après le tournant, lui répondit l'un des hommes, un petit maigre à la voix rauque dont l'accent chantait sur la dernière syllabe de chaque mot.

C'était en effet tout proche et, passé l'angle de la rue, il vit l'enseigne PRESSING clignotant de ses néons multicolores. La boutique était largement ouverte sur la rue, le rideau de fer aux trois quarts tiré sur l'entrée encombrée de portemanteaux chargés de vêtements propres alignés sur des cintres garnis d'étiquettes.

La blanchisseuse sortit de l'arrière boutique, comme avertie par un mystérieux signal de la présence d'un visiteur. C'était une femme épaisse, au visage rond et aux cheveux gris ramenés en chignon. Elle tenait à deux mains une bassine en métal galvanisé pleine d'un liquide bleuâtre :

– Vous permettez, dit-elle d'une forte voix de tête, je suis à vous tout de suite.

Et passant devant Benjamin de sa démarche légère, elle alla déverser le contenu de la cuvette dans le caniveau puis revint se camper devant son client.

– Qu'y a-t-il pour votre service, mon capitaine ?

Le médecin montra les salissures de son treillis.

– Mais c'est du sang, ça ! Mon capitaine, vous avez dormi à l'abattoir cette nuit ! Si vous êtes pressé, je peux vous rendre ça dans une heure. Tenez, passez derrière ce comptoir et enlevez votre treillis. En attendant, enfilez ce que vous pourrez, vous avez le choix. Tenez ! Prenez cette blouse là-bas, vous n'allez pas rester en caleçon ! Et aussi, videz vos poches et mettez tout dans mon tiroir.

Elle avait rapidement ramassé les vêtements sales, les avait roulés en boule sous son bras et était partie dans l'arrière-boutique faire sa besogne.

Benjamin chercha du regard les portemanteaux et parmi les vestes, les robes imprimées et les pantalons de toile, il aperçut une blouse qui le couvrirait suffisamment. Il la passa et remarqua qu'elle lui arrivait à peine au genou. Il la boutonna de justesse tant elle était étroite. Ses mollets velus émergeaient des épaisses chaussettes de laine rouge des montagnes que sa femme lui avait envoyées pour Noël. Ses pataugas étaient tout incrustés de poussière, mais il les aimait comme ils étaient et s'était appliqué à ne jamais les nettoyer.

– Madame, savez-vous où je pourrai trouver un coiffeur près d'ici ? cria-t-il.

– Près d'ici ? lui répondit une voix lointaine. Plus près, c'est pas possible. Le coiffeur c'est à la porte d'en face et la rue n'est pas large. C'est « pas de chance » !

La boutique du coiffeur était plutôt une échoppe, profonde et étroite, au sol recouvert de linoléum écarlate et aux murs habillés de carreaux de céramique bleue et blanche disposés en damiers. Un éclairage crû tombait des barres de néon placées au-dessus des deux fauteuils. C'étaient des sièges d'un modèle ancien, équipés d'un appui-tête à crémaillère et d'accoudoirs couverts de moleskine brune, avec devant chacun, une petite table de toilette garnie d'un miroir ovale aux marges biseautées. L'un des sièges était occupé par un vieil homme en blouse blanche, son crâne chauve couvert du bonnet immaculé et ouvragé des Hadj. Il lisait dans un gros livre, le Coran sans doute, dont la couverture était habillée de papier journal. A l'arrivée de Benjamin, il tourna la tête et ses yeux vifs s'allumèrent au-dessus de ses lunettes à monture d'écaille qu'il portait presque au bout de son nez. Sur son front était tatoué en majuscules maladroites : PAS DE CHANCE. Il dévisagea l'intrus puis son attention sembla se fixer sur l'oreille droite de son client. Il cligna des paupières et dit d'une voix un peu sifflante :

– Salam ! Ma blouse te plaît ? Alors tu peux la garder. Mais enlève l'étiquette. Brahim, c'est moi !

Benjamin chercha des doigts l'étiquette qui dépassait du col sur son épaule droite, l'attira et, tournant la tête, il lut, griffonné en grandes lettres, « BRAHIM, PAYE ».

– Il ne faut pas m'en vouloir, Chibani, mes vêtements sont en face, chez la blanchisseuse.

– Je sais, mon lieutenant, je t'ai vu entrer et sortir de chez elle. Et puis tu as parlé si fort que je t'ai entendu. J'ai déjà préparé le meilleur fauteuil pour toi. La barbe ou les cheveux ?

– La barbe !

Le siège grinça sous le poids du médecin qui cala ses pataugas sur le marchepied. Il sentit l'appui-tête venir à la rencontre de sa nuque avec un cliquetis précipité. Le coiffeur était moins âgé qu'il ne le paraissait au premier regard. Il avait au plus la soixantaine comme en témoignaient ses mouvements précis et vifs. Son visage était buriné, sa peau sèche et brune parcourue de veines apparentes. Il avait un grand nez qui cachait presque sa lèvre supérieure et une bouche sans dents. Son regard était étonnamment perçant, les yeux enfoncés dans des orbites sans sourcils. Après avoir fermé avec précaution son livre, il l'avait posé sur le fauteuil qu'il venait de quitter. Ses mains étaient noueuses et très mobiles. Le pouce gauche était passé dans un chapelet dont il égrenait sans cesse les perles d'ébène tout en préparant son attirail. Il humecta le blaireau et le posa le manche en l'air dans un bol à savon en métal argenté. Il étala ensuite une serviette de coton nid d'abeilles sous le menton de Benjamin puis passa un index agile autour du cou pour s'assurer que le nœud ne serrait pas trop fort. Fourrageant dans le bas d'un placard, il en sortit une bouilloire électrique, la remplit d'eau, la mit à côté du bol de savon et brancha le courant après avoir déroulé un long cordon tire-bouchonné.

– Tu as la barbe de trois jours, mon lieutenant. Pour nous, c'était dix jours de taule pour un jour de barbe. Alors, pour toi, sans Brahim, c'est un mois de taule. Tu sais, je connais bien la France. J'ai été là-bas sept ans. Pendant la guerre et ensuite prisonnier.

– La guerre ? Celle de 14 ?

Avant de répondre, il débarrassa lestement Benjamin de ses lunettes et, après en avoir plié les branches, les posa sur l'étroite étagère de marbre.

– Non, mon lieutenant, la dernière guerre. Celle de 39. C'est mon père qui a fait celle de 14 avec les tirailleurs. Moi j'étais dans les spahis et j'étais prisonnier presque tout de suite. Les Algériens prisonniers sont restés en France. Je suis resté en France. En Bretagne. Après, dans les Landes et en Auvergne aussi. Les prisonniers français, on les envoyait en Allemagne. J'ai travaillé comme manœuvre et ouvrier agricole. Même un peu quand la guerre était finie. Et après, je suis venu ici quand mon oncle, le coiffeur, est mort.

Tout en parlant, il faisait tourner d'un geste rapide du poignet la houppe du blaireau dans le bol à savon. La mousse se formait et, avec le mouvement, les bulles se faisaient plus fines. Quand il jugea que la crème onctueuse était à point, le vieil homme en appliqua une large bande sur les joues de son client, regarda dans le miroir ovale l'effet produit, puis se mit à barbouiller tout le visage avec une sorte de frénésie. Benjamin sentait le contact tiède et parfumé de la mousse et, fermant les yeux, laissait l'artisan à sa tache. Pour la première fois de sa vie, il se faisait raser. Il éprouvait une sensation délicieuse de dépendance et d'irresponsabilité à laquelle il s'abandonnait complètement.

– Mon lieutenant, tu sais, mon fils, il est à Sochaux chez Peugeot, il a étudié le CAP et maintenant il est ouvrier qualifié. C'est mon fils. Il a marié une Française et il a deux enfants. C'est lui qui a offert le pèlerinage l'an dernier. Lui, il ira peut-être plus tard. A La Mecque et à Médine aussi.

Le médecin ouvrit les yeux pour voir son reflet emmitouflé de blanc. L'autre s'interrompit un instant pour, d'une vive rotation de l'auriculaire, dégager les narines remplies de mousse. Puis il reprit son travail.

Le barbier déposa le blaireau dans le bol et prit dans un tiroir un rasoir à manche noir. Il l'ouvrit pour dégager la lame dont il passa à deux reprises le plat sur la paume de sa main sans lâcher son chapelet qu'il faisait passer avec dextérité au bout de ses doigts libres. Il saisit ensuite l'extrémité d'un vieux ceinturon qui était accroché par sa boucle à un piton enfoncé dans le mur, tendit la lanière, y appliqua la lame, puis d'un va-et-vient rapide et saccadé entreprit d'en parfaire le fil.

Benjamin restait immobile, les deux mains tenant les accoudoirs, la tête renversée, écoutant le claquement rythmé de l'acier sur le cuir.

Un bruit de pas précipité passa devant la porte, descendant la ruelle.

– Celui-là, mon lieutenant, il ne sait pas où il va, alors il y va en courant.

Et puis, après un silence, il ordonna :

– Maintenant tu ne bouges plus.

D'une pression de l'index et du médius écartés, il tendit la peau sous la tempe et, après avoir placé la lame à la limite des cheveux, il la fit descendre lentement sur la joue dans un fin crissement de poils coupés. Il rinça le tranchant dans l'eau fumante de la bouilloire et il opéra de même du côté opposé puis, par de brèves passes effleura le tour de la bouche.

Benjamin sentit à peine le passage de l'acier menaçant et doux à la fois. Par moment, les grains d'ébène du chapelet venaient frôler sa pommette. Il se prêtait sans résistance aux sollicitations des doigts du barbier qui, par des touches légères, orientait son visage vers la position favorable à chacun de ses gestes.

Le barbier saisit entre le pouce et l'index la pointe du nez pour bien raser la lèvre supérieure et termina par le cou et le menton.

– Le contre-poil, mon lieutenant !

Le médecin ouvrit les yeux. Quelques îlots de mousse restaient sur ses joues mais son visage avait déjà meilleur aspect.

Cette fois le rasoir, en remontant sur la peau, crissait plus fort.

– Ouvre la bouche, mon lieutenant.

Le vieux barbier lui mit avec dextérité une cuillère à soupe à l'intérieur de la joue pour bien la faire saillir et mieux exposer le poil. La lame, adroitement maniée eut vite terminé son ouvrage.

– Serviette chaude, mon lieutenant.

Et il se trouva la face enveloppée d'un torchon sec et brûlant qui lui procura pendant quelques instants une sensation d'intense bien-être.

– Maintenant, c'est presque fini.

Ce disant, le barbier ouvrit un carton à chaussures pris sur une étagère, en sortit une houppe de duvet rose qu'il agita légèrement, faisant voler la poudre de riz. et tamponna le menton et le cou du médecin, l'enveloppant d'un nuage parfumé.

Puis il le débarrassa de sa serviette qu'il secoua avec un claquement sec.

– Tu as quel âge, mon lieutenant ?

– 28 ans.

– Comme mon fils. Il est grand comme toi. Peut-être, si tu vas à Sochaux, tu vas le voir. Il habite juste au bout de la rue. C'est Mohamed.

Il rangea sa bouilloire dans le placard.

– Tu ne payes pas maintenant. Quand tu reviendras la prochaine fois. Va voir Madame Macias. Elle a fini de nettoyer ton treillis.

Il reprit son livre.

– Merci, Chibani. A bientôt !

– Abdoullah !

La blanchisseuse, un seau à la main, lavait sa devanture avec une grosse éponge. Voyant Benjamin elle essuya ses mains à son tablier. Elle posa sur le comptoir les vêtements repassés et pliés.

– C'est prêt et j'ai mis une pièce à l'intérieur pour réparer l'accroc. Voilà vos affaires pour remplir vos poches.

Il rendit la blouse dont la femme défroissa les pans d'une pichenette avant de la replacer sur le portemanteau. Il revêtit son treillis à la toile légère et souple, paya son dû, boucla son ceinturon, ajusta sa casquette et salua la blanchisseuse de la main en descendant la rue. Il était déjà loin quand la femme cria :

– Tout à l'heure vous avez pris la blouse de Pas de Chance. C'était l'autre que je vous avais dit de prendre, celle d'à côté ! Adieu mon capitaine !

Chapitre 10

Alger - Dimanche 23 avril 1961 - 9 h 00

Le Capitaine de Vaisseau Pacard assurait l'intérim durant l'absence de l'amiral. C'était un homme grand et mince, aux cheveux presque blancs, l'air triste et distingué. Il ne fit aucune difficulté pour délivrer l'ordre de mission qui devait permettre à Benjamin de rejoindre son unité.

Il avait à peine écouté les explications du médecin qui sortit peu de temps après de son bureau en pliant soigneusement la feuille de papier fort, barrée en diagonale d'une marque tricolore et sur laquelle figuraient son nom, son grade, sa fonction, la date et DBFM pour l'unité à laquelle il appartenait. En appliquant le tampon d'identification, le second maître de la gendarmerie maritime ne put s'empêcher de considérer avec un respect nouveau le médecin de deuxième classe déguenillé qui partait avec le viatique le plus puissant que puisse souhaiter un officier en mission.

Un maître principal au visage plat et au nez de boxeur, debout derrière sa table, décrocha le combiné, l'appliqua sur son oreille dans un geste presque théâtral et forma méticuleusement trois chiffres sur le cadran.

– Le Goff ! Appelle la Surmar pour avoir l'Alouette. Oui, à l'Amirauté le plus tôt possible. Préviens-moi pour le délai dès que tu peux. Non ! Tricolore !

Il faisait certainement allusion au sauf-conduit barré bleu-blanc-rouge.

Le maître principal raccrocha et resta la main appuyée sur le combiné. Le trembleur vibra moins d'une minute plus tard.

– Bien reçu. Je vous l'envoie. Et se tournant vers le médecin : C'est une Alouette de la surveillance maritime qui vous est affectée. Elle n'est pas sortie depuis deux jours, avec ce qui se passe. Nous garderons le contact avec vous en permanence parce qu'il est impossible d'établir un plan de vol en ce moment et dès que vous aurez pris l'air, nous aviserons. Je vais dire à la radio d'informer Kébir et Arzew pour assurer le relais en cas de besoin. La DZ est à cinq cents mètres à gauche sur le quai. Quemener ! Accompagne Monsieur le Médecin.

Le petit hélicoptère, une Alouette II, était parqué à l'ombre des vastes bâtiments de l'aile ouest de l'Amirauté, sur le quai face à la darse, non loin d'un bouquet touffu de lentisques et de tamaris. Deux mécaniciens effectuaient les vérifications et l'un deux tout en travaillant sifflotait la sonnerie du lever dans la Marine. Benjamin s'était arrêté à bonne distance pour ne pas les gêner dans leurs préparatifs. Il vit arriver le pilote, un second maître trapu, à la physionomie narquoise, peut être à cause de son long nez retroussé. Son vert était impeccable, bien ajusté aux reliefs de sa corpulence et avait certainement été retaillé à ses mesures. Il portait à bout de bras deux casques de vol et un sac de toile rectangulaire était passé sur son épaule avec une bretelle.

Quand il aperçut le médecin, il alla vers lui, adressant en passant près de l'appareil quelques mots aux mécaniciens.

– Second maître Paturel. Mes respects, Monsieur le Médecin. Il est 9 h 15, nous serons parés dans dix minutes. On annonce du sirocco pour la fin de la matinée mais pour le moment la visibilité est bonne.

– Je voudrais que nous passions d'abord à l'hôpital Maillot avant d'aller à Maison Blanche.

– A vos ordres, Monsieur le Médecin. J'appelle Maillot pour leur dire que nous arrivons.

Benjamin laissa les trois hommes à leur tâche. La brise tiède venue de terre se levait, portant avec elle le parfum des micocouliers et des seringas et soulevant des rides éphémères sur la surface de l'eau où s'ébattaient des mouettes.

L'Amirauté était l'ancien pavillon des Amir Al Bahr, les Princes de la mer, et gardait toute l'harmonieuse séduction des demeures orientales. Le jardin en rocaille étageait ses touffes d'aloès et d'agaves, les troncs graciles des jujubiers et les larges feuilles tombantes des bananiers jusqu'aux deux élégantes fontaines de marbre qui décoraient l'esplanade. Plus loin un massif de figuiers de barbarie faisait une barrière infranchissable qui se prolongeait jusqu'à la mer. A son approche un gecko surpris se faufila entre les rochers. Le bruit de la turbine s'éleva, d'abord simple chuintement puis sifflement de plus en plus puissant. Les mouettes s'envolèrent vers le large, au ras des flots.

Benjamin prit place dans la bulle, à côté du pilote, ajusta son casque de vol et régla le laryngophone pendant que le second maître, un happeur gainé de plastique transparent à la main, finissait d'égrener sa check-list avant le départ.

Dès qu'ils eurent pris une cinquantaine de mètres d'altitude, ils contournèrent le phare planté sur l'îlot de la Marine et mirent directement le cap sur la ville blanche. Le soleil éblouissant inondait l'amoncellement inextricable des terrasses de la Casbah. L'hélicoptère parut raser les toits du lycée Bugeaud et il se posa à l'hôpital Maillot quelques minutes plus tard.

Le médecin gravit la rampe qui menait au Service des Urgences où peu d'heures auparavant il avait conduit les blessés. Il se trouva dans un vestibule spacieux, pavé d'un carrelage blanc immaculé, et se dirigea vers une porte restée ouverte. Une Algérienne, en blouse à petits carreaux roses et blancs, le bas du visage caché par un litham brodé, les yeux agrandis par le cerne noir du khôl, se tenait devant l'évier où elle rinçait la vaisselle des petits déjeuners. Elle répondit à Benjamin qu'elle ignorait où était l'infirmier-chef et se remit aussitôt à la tâche avec une lenteur méticuleuse. Le médecin alla plus avant et franchit une porte vitrée à deux battants qui conduisait vers un vaste hall où étaient disposés des fauteuils et des chaises avec d'un côté un long comptoir où un employé grisonnant, en manches de chemise, rangeait des paperasses dans des classeurs en carton qu'il entourait avec de larges élastiques. Les accents vibrants de Sambre et Meuse, diffusés par une radio invisible, remplissaient la pièce, au point que Benjamin mit ses mains en portevoix pour demander au préposé s'il savait où étaient hospitalisés les entrants du matin. L'homme le dévisagea et lança d'un air triomphant :

– C'est dans la poche ! Il paraît que quatre cents étudiants musulmans sont venus trouver Challe et la plupart étaient la veille encore pour le F.L.N. Et vous savez ce qu'ils lui ont dit ? Qu'ils avaient maintenant la certitude que quoi qu'il arrive l'Armée Française resterait pour les protéger et que nous allions pouvoir commencer à travailler ensemble.

L'employé humecta son index en le passant sur sa langue et tourna d'un geste vif les feuilles du registre de la main courante. Il s'arrêta sur une page blanche où seuls deux noms étaient inscrits. Pointant son doigt, il suivit la ligne de gauche à droite et déclara : « Bloc d'Urgences, rez de chaussée » et ajouta :

– Vous êtes passé devant en venant par ici. C'est à gauche en repartant. Ils sont probablement encore en salle d'opération. Vous vouliez les voir ?

Benjamin répondit que ce n'était pas nécessaire, mais qu'il aurait voulu seulement avoir de leurs nouvelles et aussi prendre une serviette en cuir qui avait sans doute été débarquée avec les blessés.

L'employé se pencha sous les étagères de son bureau, poussa du pied la corbeille à papier et quelques boîtes remplies de dossiers qui étaient rangées contre le mur derrière lui ainsi que deux ballots enveloppés de papier kraft soigneusement ficelés et étiquetés. Il fit brusquement un signe de la main et haussa encore le son de la radio pour écouter, la bouche ouverte, le regard fixe.

– Ici Radio-France. Le commandant en chef des forces armées annonce le ralliement à l'Algérie Française du 18e et du 14e RCP, celui du 1er REC avec les harkis d'Edgar Quinet, d'un régiment du contingent, du 7e RTA, d'un régiment de tirailleurs Algériens, du 1er RIMA en Grande Kabylie.

Quand la musique reprit, l'homme répondit :

– Tout ce qui concerne vos blessés se trouve dans ces deux inventaires. S'il y avait une sacoche, elle serait là et je ne vois rien. J'ai pris mon service à 7 h et mon collègue de garde ne m'a rien transmis à ce sujet.

Il ne put s'empêcher d'ajouter :

– Il y a une nouvelle pour vous, les marins. On dit que l'escadre de Toulon a appareillé pour venir bloquer nos côtes.

En partant, Benjamin vit la porte marquée « B.U. ». Elle ouvrait sur un sas fermé par deux battants en matière plastique qu'il suffisait d'écarter en les poussant pour accéder à la salle de triage vivement éclairée par des tubes fluorescents. Là, huit lits vides attendaient les urgences, les draps bien tirés, équipés chacun d'un attirail d'assistance et de réanimation. On entendait un murmure lointain qui venait du bloc opératoire. Benjamin se sentit soudain véritablement étranger à cette ambiance chirurgicale. Déjà, lorsqu'il était interne, l'arrivée dans un nouveau service lui avait toujours fait redouter pendant les premiers jours le contact avec un personnel inconnu, avec de nouveaux collègues, avec des locaux non identifiés et un petit monde déjà constitué où il devait s'inclure sans trop perdre lui-même sa personnalité.

Ici, il réalisa qu'il serait incongru de déranger les chirurgiens dans leur travail ou d'essayer d'obtenir des infirmiers ou des panseurs des informations incertaines après qu'il ait donné de longues explications. Il inspecta rapidement la pièce du regard et rebroussa chemin. Arrivé dehors, il courut à l'hélicoptère. Le pilote lança aussitôt le moteur et ils partirent droit vers l'Est.

Par l'interphone, le médecin demanda au second maître Paturel s'il était possible de connaître la position actuelle du bimoteur qui l'avait conduit la veille de Bel Abbès à Alger.

Les échanges d'indicatifs se succédèrent et le pilote répéta plusieurs fois sa question dans le micro. Il y eut un long silence entrecoupé de grésillements et de sifflements puis une voix nasillarde répondit :

– Le DC3 est parti vers Blida ce matin à 7 h 30. Depuis nous sommes sans nouvelles. Terminé.

La côte bordée de plages entrecoupées par des promontoires rocheux défilait à leurs pieds, éblouissante dans les rayons du matin.

Benjamin imaginait le Dakota atterrissant à Blida. Pourquoi, quelqu'un là-bas n'aurait-il pas découvert la serviette de cuir oubliée dans un recoin de la cabine et ne l'aurait-il pas déposée quelque part dans la base en attendant qu'elle soit réclamée ? Il faudrait tout de même vérifier d'abord si elle n'était pas à l'aéroport d'Alger. Il revit en un éclair le médecin-aspirant Dubost qui tentait de récupérer son appareil face à la mainmise du capitaine parachutiste. Lui avait-on seulement donné le temps et l'autorisation de prendre son matériel dans l'avion réquisitionné ? Et s'il avait pu le faire, où se trouvaient-ils maintenant, lui et ses infirmiers ? Étaient-ils restés à l'aéroport civil, attendant d'être recueillis pour rentrer à Bel Abbès ou avaient-ils tenté de regagner leur base par des moyens de fortune, au hasard des va-et-vient de la route et du ciel ?

Il lui faudrait donc aller à Blida s'il était bredouille à Alger.

Ils approchaient des pistes d'atterrissage de l'aéroport civil et tandis que le pilote engageait par radio le dialogue d'approche, Benjamin, penché vers le sol qui défilait sous lui, essayait de reconnaître l'endroit où, ce matin même le Dakota avait stoppé. Il lui manquait un point de repère parmi les hangars et les bâtiments de l'aérogare dominés par la tour de contrôle.

L'Alouette alla se poser non loin d'un Bréguet deux-ponts ventru et Benjamin quittant le cockpit se dirigea directement vers l'aérogare. Deux civils se tenaient adossés au mur, les mains dans les poches, près d'une des portes d'entrée, et le regardèrent s'approcher avec curiosité.

Le médecin demanda au plus proche où il pourrait obtenir des renseignements sur le personnel et sur le matériel laissés sur place le matin même par un avion sanitaire. L'homme lui fit réitérer sa demande puis se tourna vers son collègue qui avait tout entendu et à qui il répéta la question. Pour toute réponse, l'autre haussa les épaules avec une moue d'ignorance.

L'aérogare était déserte, les guichets fermés et on ne voyait ni voyageurs, ni personnel. Benjamin explora sans convictions le hall, parcourant tous les recoins, visitant les bureaux abandonnés, enjambant les banques pour pénétrer dans les box. Au-delà du hall était la consigne des bagages, fermée par une grille de fer. Il apercevait les rayonnages sur lesquels étaient posées bien en évidence une malle en osier et une valise cabossée dont la serrure tenait avec une ficelle. Il s'accroupit pour voir sous les étagères du bas, puis, secouant la grille à deux mains, il eut la surprise de voir tomber le cadenas qui tenait la chaîne et qui n'était même pas fermé.

Le rideau métallique s'entrouvrit en grinçant. Il se glissa dans la salle des bagages et en fit rapidement le tour, grimpant sur les premiers étages de bois en prenant appui sur les cornières. Il replaça la chaîne en partant et continua en vain ses recherches au hasard des portes ouvertes. Il réalisa soudain que ce qu'il faisait était inutile et combien il gaspillait de temps et d'énergie à cette tâche désordonnée. En s'y prenant de la sorte, il n'avait aucune chance de mettre la main sur ce qu'il cherchait, surtout si l'objet était considéré comme assez important pour être rangé en lieu sûr par celui qui l'aurait retrouvé. Il lui fallait choisir une autre stratégie. Il alla sans hésiter vers la tour de contrôle.

Quand il ouvrit la porte, un homme s'apprêtait à en sortir. Il portait un pantalon de toile bleu marine et une chemise blanche à manches courtes et à col ouvert. Benjamin déplia son ordre de mission et le mit sous les yeux de l'homme. Celui-ci le regarda à peine et dit aussitôt :

– Je suis au courant. Que puis-je pour votre service ?

– Je voudrais voir immédiatement le commandant de l'aéroport pour affaire urgente le concernant.

Le médecin avait lancé sa phrase sans l'avoir vraiment préparée. Il avait pu apprécier durant ces derniers mois le vocabulaire à la fois concis, élémentaire et efficace qu'employaient les officiers pour se faire comprendre de leurs hommes. Il se dit que sa manière sentait suffisamment le débutant pour qu'il se promit, à l'avenir d'améliorer son style.

– Je vous accompagne, c'est au premier étage.

Ils rentrèrent dans l'aérogare et, par un escalier de service que le médecin n'avait pas vu auparavant, gagnèrent le niveau supérieur. Un brouhaha de voix et de fanfare les accueillit quand la porte s'ouvrit sur le bureau du commandant de l'aéroport. Celui-ci, un homme corpulent, tout de blanc vêtu était assis seul, le dos à la fenêtre, derrière un vaste bureau formé d'un plateau de verre fumé reposant sur deux tréteaux en inox. Sur le bureau on voyait seulement deux téléphones et un poste de radio d'où venait le brouhaha. A leur entrée, le commandant diminua le volume du son de l'appareil et se leva, serrant la main des deux arrivants.

Après avoir écouté les explications du médecin qui lui avait déclaré qu'il devait coûte que coûte et au plus tôt récupérer certains bagages qui avaient transité par son aéroport la nuit précédente, le commandant prit le temps de la réflexion, croisa ses index sous son nez puis répondit :

– « Votre Dakota a quitté Alger tôt ce matin pour une destination inconnue avec à son bord un certain nombre de prisonniers de marque, Robert Buron, le Ministre, pour ne pas le nommer, et une douzaine de généraux et de personnalités. Et vous le savez peut-être, un détachement de l'aéronavale qui a été affecté à la surveillance de l'aéroport refuse d'effectuer les tâches prescrites. Je vais faire tout de même le maximum pour vous aider. Mes hommes vont fouiller l'établissement et nous saurons rapidement si ce que vous cherchez est à Alger. »

Puis à l'intention de l'employé qui avait accompagné le médecin il ajouta :

– Gonzales, allez dire à Max et à Jojo de se mettre au travail à l'instant même. J'appelle les autres à Maison Carrée pour qu'ils viennent leur donner un coup de main.

Se tournant vers Benjamin :

– Nous serons fixés avant midi.

En le quittant, le médecin demanda au commandant s'il avait des nouvelles de l'équipe de réanimation.

Non, il n'avait eu aucune information précise à ce sujet mais on lui avait rapporté qu'elle avait dû joindre Blida par la route pour ensuite gagner Bel Abbès.

Il décida d'employer le temps des recherches pour se rendre à l'étape suivante de Blida. Le second maître Paturel l'attendait sur le tarmac, à l'ombre d'un hangar. En l'apercevant il vida d'un trait le fond de sa bouteille de Pepsi-cola, qu'il déposa ensuite contre le mur et puis le rejoignit dans l'hélicoptère. Trois camions Simca-Ford placés de front occupaient toute la largeur de la piste.

– Blida est à un peu plus d'une demi-heure, précisa-t-il en lançant le rotor et il enchaîna en appelant l'indicatif de Blida.

La procédure de décollage fut rapide et ils mirent le cap au Sud. Le paysage verdoyant de la côte faisait sans transition place à un plateau aride où l'oued Smar Hanedi traçait ses méandres caillouteux. Ils survolèrent Eucalyptus, bourgade rassemblée à la rencontre des routes de l'Arba et de Rivet. Après Sidi Moussa ils contournèrent Rovigo, au-dessus d'une région presque désertique qui s'élevait en collines puis en véritables montagnes au-delà de l'oued El Harrach. Un voile ambré couvrait le paysage. Le Chergui, ce vent de sable du Sahara, s'était mis à souffler.

Benjamin fit le point de la situation, se répétant ce qu'il savait déjà et pour la première fois il s'interrogea sérieusement sur le contenu de la serviette de cuir. Des documents importants sans aucun doute, une liasse d'une centaine de feuilles en se fondant sur l'épaisseur et le poids, davantage si le papier était plus fin. Sa serrure dorée était fermée à clé. Le civil qui la lui avait remise à Tlemcen avait été très bref dans son discours qu'il se remémorait pour la centième fois. Il avait seulement demandé de remettre la sacoche à l'Amiral en main propre dès qu'il serait à Alger. Il ressentait aussi, sans en définir vraiment les limites, la sollicitude sans faille des gens de la Marine, la facilité avec laquelle il pouvait aller et venir à son gré au milieu du désordre et des troubles de ce pays. Il tentait de trouver une explication à toutes ces forces qui se liguaient pour l'aider et soudain il se dit que, peut-être, les autres le croyaient investi d'une mission importante et mystérieuse, qu'ils le pensaient mêlé aux décisions du pouvoir ou à celles du contre pouvoir. Et si le petit cartable recelait un secret d'état ? Ce qui changeait sa vision des choses venaient du fait qu'il découvrait au fil des heures que des événements importants bouleversaient l'Algérie, et que, peut-être, il était, sans le savoir, mêlé à leur déroulement.

Chapitre 11

Djebel Daia - Dimanche 23 avril 1961 - 10 h 00

La steppe veloutée que jonchaient les pompons clairsemés des touffes de lentisque, était coupée par des champs cultivés, polygones irréguliers d'un vert profond, qui tapissaient les cuvettes et les pentes Nord des collines. Le vent creusait sur les étendues d'alfa de longues vagues molles. Par place on voyait sur les crêtes des amoncellements de rochers qui se répandaient vers l'adret en éboulis coniques.

La radio grésilla et une voix altérée par le fading annonça :

– De tango 3 à Ventilateur... De tango 3 à Ventilateur.... répondez !

Le pilote confirma l'identification. Quelqu'un, en bas, attendait du secours.

Le pilote demanda ses consignes au médecin.

– Effectuez un passage, pas trop bas, que nous voyions de quoi il s'agit.

L'appareil s'inclina, faisant basculer le paysage autour de lui. Il glissa, perdant de l'altitude. La voix dans le récepteur indiquait le cap :

– 10° à droite, tout droit. C'est bon.

Puis : « Vous êtes au-dessus de nous. »

L'Alouette se plaça en vol stationnaire, à trois cents pieds environ. Au sol, c'était un chaos de rocailles grises, de buissons touffus, avec quelques chênes verts dispersés sur les pentes abruptes. Benjamin et le pilote cherchaient du regard un signal pour localiser le groupe.

– Là, au bord du ravin !

Une silhouette agitait les bras au-dessus de sa tête, presque invisible à cause du raccourci plongeant.

Le pilote tout en demandant de nouveau la confirmation de l'appel, conservait la même altitude, guettant le départ d'une rafale, prêt à remettre les gaz à la moindre alerte. Il restait les yeux fixés sur la crête où l'homme renouvelait son SOS. Dix jours auparavant, il avait été appelé en Evasan par les rebelles qui avaient, empruntant le chenal radio du commando, cherché à l'attirer et à l'abattre. Mais ils avaient tiré trop tôt et il avait pu se dégager.

L'Alouette décrivit lentement un large demi-cercle pour se placer dos au soleil, face à l'abrupt au bord duquel l'homme agitait les bras et avança vers lui à faible vitesse.

– C'est un gars qui est tombé d'une falaise. Ils ne peuvent pas le remonter.

L'hélicoptère maintenant était tout près de la crête et le vent du rotor couchait les buissons tout alentour. Il se plaça en vol stationnaire à deux mètres au-dessus des rochers. L'homme s'approchait, contournant les blocs de pierre, franchissant les barrières d'épineux, les deux bras levés tenant son PM au-dessus de sa tête. C'était un biffin, un sergent rondouillard, le visage ruisselant de sueur sous son chapeau de brousse. Il avait un foulard bleu noué à l'épaulière gauche et sa chasuble ne portait que deux chargeurs, toutes les autres gaines étaient vides. Il se fraya un chemin en jouant des hanches et des coudes pour écarter les branches aux épines acérées, le visage fouetté par les feuillages durs. Il atteignit enfin le patin qui oscillait devant lui, le saisit de sa main droite et cria quelque chose vers les occupants de la bulle. Le bruit de la turbine était tel que toute conversation était impossible. Le sergent hurla encore en frappant de sa main le patin et désignant le fond du ravin en agitant sa MAT à bout de bras. A quelques mètres de lui, au-delà de la corniche de rochers, l'abrupt presque vertical surplombait une gorge profonde dont le versant opposé s'élevait en escarpements couverts de chênes verts.

– On va voir, décida Benjamin.

Lentement l'hélicoptère glissa en crabe vers le vide, passant au-dessus du sergent qui s'était accroupi entre les rocailles. Au fond du talweg, le lit asséché d'un oued serpentait au milieu des touffes de grenadiers et de tamaris.

En bas, près du pied de la falaise, les silhouettes minuscules de trois hommes en treillis se découpaient sur la tache claire des alluvions. L'Alouette obliqua vers la pente moins raide du versant boisé jusqu'à atteindre le niveau où la gorge devenait très étroite, envahie par les ramures des caroubiers et des arbousiers qui la cachaient presque complètement.

Un fort vent tourbillonnait dans ce couloir et agitait l'habitacle. Il était impossible d'aller plus bas et on n'apercevait nul point où poser l'appareil tant la végétation était dense et la pente escarpée.

– Avez-vous un câble ou un bout ? demanda Benjamin.

– Oui, derrière votre siège, le câble de treuillage. C'est un filin de 30 mètres. Il est fixé au châssis par des mâchoires mais le treuil de rappel a été démonté et il est resté à la base. Vous pouvez dévider le filin à la main mais vous ne pouvez pas le remonter avec une charge.

– Je vais essayer tout de même.

Le médecin ôta sa casquette, ouvrit la portière, assailli aussitôt par le souffle du rotor et le sifflement du moteur. Il attira à lui le câble qui était lové sur le plancher et le jeta dans le vide. L'écheveau d'acier se déroula pour aller se perdre en bondissant dans les broussailles. Ses mains étaient tâchées de graisse noire et glissante. Par quelques secousses il éprouva l'amarrage du câble sur le châssis.

L'Alouette oscillait près de la pente. Il enroula le filin autour de son bras gauche, agrippa avec l'autre main le montant de la portière et prit appui avec ses pieds sur le patin d'atterrissage. Puis il changea sa prise en s'accrochant au rebord de la portière qui courait près du plancher et assura le filin sur son bras. Il jeta un regard au pilote qui surveillait son point fixe, corrigeant la dérive que le vent imprimait à l'appareil.

Il ferma les yeux puis laissa glisser ses semelles sur le patin et brusquement son corps se balança dans le vide. Il était maintenant suspendu à l'hélicoptère par une seule main. Le filin, enserrait son avant-bras et glissait sous son aisselle. Ses doigts, accrochés à la cornière d'acier, lui faisaient mal. Il lâcha prise tant la douleur était forte et tomba vers le sol. Le filin, brusquement tendu, en freinant sa chute, allait lui broyer le bras et dans le mouvement qu'il fit pour s'en libérer, le câble lui échappa et il boula dans les buissons.

– Pas trop de casse, mon lieutenant ?

Deux garçons en treillis bruns avaient escaladé la pente et étaient arrivés près du médecin au moment où il se mettait sur pieds en frictionnant son bras endolori et ses doigts engourdis. Sa tempe droite avait heurté au passage un caillou tranchant et une plaie superficielle laissait courir une rigole de sang sur sa joue.

– Pas de problème. Allons voir votre blessé.

Les deux hommes avaient disparu en courant vers le vallon et Benjamin les suivit, dérapant dans les éboulis, s'agrippant aux buissons pour ralentir sa course. Le fond de la gorge était tout proche. Il était fait d'un gravier blanc avec quelques coulées de sable fin serpentant en méandres figés qui contournaient le tronc des arbustes rabougris. Le médecin se dirigea vers les voix venant de derrière un bouquet de tamaris. Les trois hommes étaient là, entourant le blessé. Celui-ci apparaissait calme, couché sur le dos, très pâle, la tête posée sur une chasuble de grenades VB. Sa jambe droite était disloquée sous le genou et son pied était tourné en dehors. Une grande auréole humide s'étalait sur l'entrejambe et le ventre. Sa main droite était couverte d'un chapeau de brousse. L'un des soldats souleva le chapeau. Le poignet était fléchi à angle aigu et sur le dos de la main on voyait les deux os de l'avant-bras qui sortaient de la peau, sans saignement, comme deux objets d'ivoire.

– J'ai froid. Le reste, ça va, mais j'ai froid, dit le blessé.

Benjamin s'adressa au radio :

– Il faut appeler au plus vite un hélicoptère médicalisé.

Les trois soldats répondirent en même temps :

– Ça fait une heure qu'on nous répond que tous les hélicos sont consignés.

– Appelez encore une fois, je vais leur parler.

Le radio répétait sans relâche l'indicatif de la base.

– Ils ne répondent même plus !

– Quelle est la ville la plus proche ? demanda le médecin.

– Medea et il y a là-bas un hôpital civil.

L'hélicoptère était resté au point fixe, oscillant dans les rafales de vent.

– Nous allons essayer de l'évacuer avec les moyens du bord. Passez-moi l'hélico, demanda le médecin au radio.

Le pilote effectua la manœuvre demandée. L'Alouette s'éleva de quelques mètres entraînant avec elle le filin.

– Vous n'avez rien pour faire une attelle ?

– Négatif. Avec trois MAT, ce n'est pas facile.

– Vite ! Vous, aidez-moi à faire un pansement sur son poignet. Et vous deux, attrapez le filin et attirez-le aussi près de nous que vous le pourrez.

Les deux soldats, escaladant la pente parmi les broussailles saisirent le câble d'acier et l'amenèrent à quelques mètres du fond de l'oued. Pendant ce temps le médecin avait injecté une demi-sirette de morphine.

– Impossible d'aller plus loin, cria l'un deux.

– A trois nous pourrons porter le blessé jusqu'à vous, que l'un de vous revienne nous aider.

L'un des soldats revint. Le blessé accrocha son bras autour du cou de Benjamin et les trois hommes le soulevèrent. Il poussa un hurlement de douleur quand son pied, avec un craquement sec, se balança dans le vide. Les trois hommes allaient à pas mesurés essayant d'éviter les déplacements brusques, les balancements trop forts. Le blessé gémissait, criant à chaque secousse. Ils atteignirent les broussailles qui annonçaient la pente à gravir. Il restait une dizaine de mètres à escalader parmi les rochers aigus et les épineux.

– Arrêtons-nous, il a perdu connaissance !

Benjamin fit déposer le blessé sur la pente, la tête en bas.

– Passez-moi votre ceinturon, dit-il à l'un des soldats.

Avec la lanière de cuir, il lia ensemble des deux jambes du blessé pour maintenir le pied disloqué.

Ils reprirent leur ascension.

– C'est bien, encore un mètre et nous y serons.

– Nous allons attacher le câble par dessus sa chasuble. Il faut lui remettre sa chasuble avec des chargeurs vides pour le protéger.

Le blessé revenait lentement à lui. Il fallut le hisser encore de quelques mètres pour avoir suffisamment de longueur de filin pour le harnacher. Le médecin passa le câble sous les aisselles, le croisa sur la poitrine, puis sur le dos, faisant un harnais qu'il assura par deux nœuds de chaise. Puis, il gravit l'escarpement et d'un geste répété des mains, paumes en l'air fit signe au pilote d'élever lentement sa machine. Le filin se tendit, le corps du blessé se balança au ras des arbustes.

Benjamin se hâta alors vers le fond de l'oued. Le radio était déjà revenu auprès de son appareil.

– A quelle distance sommes-nous de Medea ?

– 10 ou 12 km, mon lieutenant.

– Dans quelle direction ?

– A l'Ouest.

– Paturel, allez directement à Medea, à l'Ouest, à une dizaine de kilomètres, il y a un hôpital civil. Vous reviendrez quand vous pourrez. Je vous attends avec les autres sur la crête.

Le rugissement de la turbine s'amplifia quand l'appareil s'éleva verticalement au-dessus de la gorge, avec, à vingt mètres au-dessous de lui, le blessé qui tournait lentement sur lui-même. Puis l'hélicoptère, s'inclinant, vira et l'emporta.

C'est alors que le plus jeune des biffins demanda à Benjamin.

– Mon lieutenant, qu'est-ce qu'on fait des autres ?

– Quels autres ? Il y en a d'autres ?

– Le sergent ne vous a rien dit ? Il y a huit morts là-bas, au pied de la falaise.

Chapitre 12

Djebel Daia - Dimanche 23 avril 1961 - 12 h 30

Les huit morts étaient des otages musulmans enlevés par les rebelles une semaine auparavant dans l'autodéfense de Ouled Garda. Deux femmes, une fillette de sept ans et cinq notables dont on avait perdu la trace jusqu'à ce que la patrouille tombe par hasard sur eux, en plein jour. Cinq rebelles les escortaient. Deux d'entre eux étaient restés à tirailler en arrière-garde pour retarder la patrouille. Pendant ce temps les trois autres avaient exécuté les notables d'une balle dans la tête puis égorgé les deux femmes et la fillette avant de précipiter les corps du haut de la falaise. A la fin de l'accrochage, c'est en essayant d'atteindre les cadavres dans les rochers que le biffin avait fait une chute de plusieurs mètres.

– Vous ne pensez pas que les fells vont revenir ? demanda le médecin.

– Négatif, mon lieutenant, ils ont fait leur travail et comme d'habitude ils se sont déjà perdus dans la nature.

– Nous allons remonter et attendre l'hélico là-haut.

Pendant ce temps, le radio avait répété ses appels. Il n'obtenait aucune réponse.

– On y va.

La petite troupe, en file indienne, grimpa vers la crête, peinant dans les éboulis instables. Un des soldats portait l'équipement du blessé et un autre son arme. Le vent tiède passait par vagues puissantes et sifflait dans les branches raides des arbustes. Benjamin s'aperçut qu'il avait soif. Faim aussi, mais surtout soif. Il passa sa langue sur ses lèvres couvertes de poussière. Un instant il repensa à ce qui lui arrivait. Comment allait-il sortir de cette impasse où la fatalité semblait l'enfermer ? Il ne savait même plus où il se trouvait. Que faisait-il sur cette colline, entraîné dans cette affaire de blessé, d'otages massacrés ? La sacoche n'était-elle pas un simple leurre, un appât qui le conduisait à son insu vers son destin selon un mystérieux itinéraire ?

Un vent violent lui frappa soudain le visage, chargé des parfums de la garrigue. Il avait atteint le sommet et il sentait avec soulagement sous ses semelles le contact solide et rassurant du roc dénudé.

Les quatre hommes poursuivirent leur route en longeant la crête jusqu'à atteindre le plateau où les attendait le sergent. Ils le trouvèrent assis sur une grosse pierre, la AA 52 entre les pieds, sa MAT posée à côté de lui. Sans dire un mot, clignant de l'œil, il tendit au médecin une gourde en aluminium habillée de drap kaki et fit avec l'autre main ouverte le compte de ses cinq doigts.

Benjamin prit la gourde qui lui parut presque pleine et la passa à l'un des jeunes biffins. Celui-ci dévissa le bouchon, lampa une gorgée, se gargarisa bruyamment et avala avec un claquement de langue satisfait. Les autres après lui en firent autant et quand vint le tour de Benjamin, il avala sa goulée, revissa le bouchon et rendit la gourde au sergent qui la mit à l'ombre, derrière lui et dit :

– Ce serait tout de même triste d'abandonner ces malheureux aux chacals. Il ne faudrait pas que l'hélicoptère tarde trop sinon nous ne pourrons pas revenir les récupérer avant demain.

– Il devrait être ici dans une demi-heure si tout se passe normalement, dit le médecin.

Le sous-officier se dressa brusquement, les paupières rétrécies par la colère, la mâchoire menaçante.

– Parce que vous croyez que les choses se passent normalement, mon lieutenant ? On laisse filer cinq fells parce que la radio du P.C. ne répond pas quand on demande du renfort et c'est normal ? Huit pauvres types qui croyaient à nos promesses se font massacrer alors que nous, demain, on va laisser tomber ce pays et c'est normal ?

Le sergent se tut et, repoussant du pied le FM, se coucha à plat dos sur le sol, la tête posée sur son sac et, ramenant son chapeau de brousse sur son visage, parut s'abstraire soudain des choses de ce monde.

Benjamin se coucha non loin de lui, à l'ombre légère d'un épineux. Il éprouvait la stabilité bienfaisante de la terre, qui lui rendait perceptibles toutes les vibrations et tous les frémissements de son corps. Il s'assoupit durant quelques secondes et sursauta lorsqu'une herbe sèche, balancée par le vent, lui caressa le front. A quelques pas de lui, les trois soldats bavardaient et les éclats de leur conversation animée finirent de le réveiller.

– Puisque je te dis que j'y ai habité pendant vingt ans, dans ce quartier ! Tu ne vas pas, toi qui viens du 20e, m'apprendre à me diriger dans la rue Laugier. Elle a toujours été en sens unique depuis le début jusqu'à la fin et dans le sens que j'ai dit et pas autrement.

– Tu dis ça, mais moi je te dis que la partie qui est après le Boulevard Pereire est à double sens et, la preuve, c'est que j'ai passé le pont par-dessus la voie de chemin de fer dans l'autre direction de celle que tu dis, en allant vers Champerret.

– Pas possible, ou alors tu étais à pied et pas en voiture. Ce que tu as pris, c'est le pont suivant, celui de la rue Bayen qui va en sens inverse. D'ailleurs la rue Laugier est une voie prioritaire pour les pompiers dans le sens que je dis.

– Tiens ! Je me souviens, il y a à l'angle du Boulevard Pereire et de la rue Laugier un bistrot : Le Vrai Beaujolais.

– Négatif ! C'est pas à ce coin-là, corrigea le soldat en traçant avec une brindille dans la poussière le dessin du carrefour, « c'est bien dans la rue Laugier, mais juste après ». Écoute ce que je dis au lieu de raconter n'importe quoi. Toi tu ne connais rien au 17e !

L'hélicoptère était revenu en moins d'une heure, après avoir déposé le blessé à l'hôpital civil de Medea où il avait reçu les soins urgents avant qu'un 4 x 4 sanitaire l'évacue sur Alger.

Il fallait refaire le plein de kérosène, le sergent avait dit au pilote que le cheikh de Sidi Ben Moussa était le seul personnage privé à posséder des citernes de carburant et que, comme sa zawiya était toute proche, il aurait été sot de ne pas s'y ravitailler. Benjamin donna son accord, convaincu par la jauge qui oscillait proche de la réserve.

De fait, à peine franchies deux vallées, ils apercevaient la koubba de pierre, dressée sur le versant d'une combe, majestueuse avec son dôme entouré de quatre minarets. Au voisinage, ils découvrirent les habitations groupées au pied du mausolée, au milieu d'une clairière où se tenait une foule nombreuse. A peine l'hélicoptère s'était-il posé qu'une dizaine de moghaznis en uniforme de la Section Administrative Spécialisée se précipitèrent et prirent position autour de l'appareil, le MAS 36 braqué. En voyant les supplétifs au visage patibulaire, le médecin hésita à ouvrir la portière mais le pilote le rassura en disant que ces gens ne feraient rien sans l'ordre du SAS-man [1] et que leur attitude devait certainement tenir de la plaisanterie. Quand Benjamin sauta hors de l'appareil, les hommes mirent l'arme aux pieds et partirent d'un éclat de rire. L'un deux proposa à Benjamin de l'accompagner à la demeure du cheikh et l'entraîna d'un pas rapide vers une vaste mechta construite à l'écart du village à l'ombre bruissante d'un bosquet de pins parasols et autour de laquelle régnait une atmosphère de souk. Des femmes étaient accroupies le long du mur, enveloppées dans leurs châles à longues franges, certaines avec leur petit enfant blotti contre le sein. Elles se tenaient, les genoux en tailleur ou assises sur leurs talons, flamboyantes dans leur tunique turquoise et leur sarrouel cramoisi, les poignets et les chevilles chargés de bracelets d'argent. Devant elles, des volailles, les pattes ligotées, gisaient sur le flanc, l'œil inquiet, le plumage terni par la poussière. Alentour des bourricots bâtés de deux grands couffins de paille, les antérieurs entravés par une courte cordelette, lançaient des braiments retentissants en sautillant maladroitement à la poursuite d'inaccessibles ânesses. Tout à coup, une des femmes, poussant un hurlement, se leva en trébuchant puis partit à toutes jambes, vociférant, poursuivie par deux de ses compagnes qui la ramenèrent bientôt en la traînant par ses vêtements tandis qu'elle se débattait comme une possédée.

Ils passèrent près de quelques hommes en djellaba assis en cercle autour d'un plat de céramique polychrome où, d'une main, ils rassemblaient les boulettes de semoule de blé, cuite au beurre rance et mangeaient lentement, sans parler. Un enfant infirme, soutenu par des béquilles, se tenait derrière eux, attendant sans doute sa part du repas. Plus loin, près du puits, étaient installés des musiciens qui accordaient leurs instruments. Le rythme syncopé du bendir scandait le couinement aigu et modulé de la rhayta. Sous un chêne, un boucher venait d'égorger un mouton. L'animal était pendu par une patte de derrière à une grosse branche horizontale et un filet de sang gouttait encore de sa gorge tranchée. L'homme soufflait dans un petit fût de roseau qu'il avait introduit sous la peau pour ensuite la dépouiller plus facilement. Près de lui, sur l'herbe

[1] Officier qui commande les moghaznis de la Section Administrative Spécialisée (SAS).

sèche, une douzaine de têtes coupées de brebis et d'agneau étaient alignées, les yeux éteints, la langue pendante sur leurs dents fines et bien rangées découvertes par la grimace de leurs babines décolorées où s'affairaient de grosses mouches bleues. Deux béliers qui allaient être à leur tour égorgés, tiraient sur leur longe et cabrés pour une nouvelle charge, heurtaient avec violence leurs fronts en de puissants assauts et entremêlaient l'hélice de leurs cornes, insouciants au crissement acide du couteau que le boucher affûtait maintenant sur une pierre plate.

Arrivés à proximité de la grande mechta, ils croisèrent des moghaznis qui portaient un homme agité de convulsions, suivis par un jeune bouali, au crâne hydrocéphale qui chantait à tue-tête en frappant dans ses mains. A leur passage, il lança des imprécations incompréhensibles et cracha vers eux un long filet de salive.

Le cheikh de la zawiya de Sidi Ben Moussa était un vieillard imposant, au visage marqué de rides profondes et dont la barbe blanche s'étalait sur l'empiècement brodé de sa gandoura de lin écru. Il se tenait assis sur le sol, enveloppé dans un burnous de laine brune chinée, barrée de rayures horizontales noires, au vaste capuchon rabattu dans le dos. La blancheur de son turban d'étamine faisait ressortir l'éclat de ses yeux bleus. Benjamin s'était immobilisé sur le pas de la porte, surpris par l'élégance souveraine de son hôte et par l'ordonnance de la pièce dont il découvrait l'agencement au fur et à mesure qu'il s'accoutumait à la pénombre. C'était une immense salle presque carrée, au plafond bas soutenu par des piliers de chêne, et dont le sol était couvert de tapis de haute laine, disposés dans un élégant désordre sur des nattes de macramé écarlate, d'autres roulés en guise de traversins avec quelques coussins de maroquin mosaïqué d'or. Le parfum léger du takaout se mêlait à l'odeur forte du suint. Sur le mur de pisé était collé un parchemin entouré d'arabesques et sur lequel était tracée une inscription stylisée. Dans un coin luisait la culasse d'un fusil d'assaut Kalachnikoff, chargeur engagé. Le cheikh, d'un imperceptible mouvement des doigts signifia leur congé à deux vieilles femmes qui se tenaient assises près de la porte et, rejetant sur son épaule un pan de son burnous, se leva pour accueillir son visiteur, révélant toute sa haute taille. La main à plat sur sa poitrine pour attester la sincérité de sa bienvenue, il s'adressa à Benjamin et, d'une voix profonde, au débit mesuré, il l'invita à prendre place à sa droite, sur un Djebel Amour mœlleux.

– Monsieur le médecin, nous avons trop rarement la visite d'officiers de la Marine à la zawiya. C'est pour moi un honneur de vous recevoir et je voudrais que ce soit pour vous un plaisir de m'avoir rencontré.

Un chaouche avait discrètement apporté un plateau de cuivre ciselé sur lequel étaient deux verres aux décors multicolores et une haute théière au long col recourbé. Le serviteur déroula un torchon dans lequel était enveloppé un pain de sucre qu'il coucha dans le creux de sa main et avec un petit maillet en fer, d'un coup sec, il en brisa deux morceaux qu'il jeta dans le thé. Il ajouta une poignée de feuilles de menthe fraîche puis rabattit le couvercle d'un geste rapide.

– J'ai souvent entendu parler de la qualité du travail des médecins militaires. Je connais l'immensité de leur savoir qu'ils mettent au service des populations de notre pays. J'admire beaucoup ce qu'ils font.

Benjamin savait que son hôte était un marabout vénéré dans tout le Maghreb et même au-delà, pour le don miraculeux qu'il possédait de guérir certaines maladies, baraka qu'il avait hérité de son père, le fameux Sidi Moussa Hadj dont le tombeau dominait la zawiya.

– Pour ma part, poursuivit le vieil homme, je ne guéris que les rhumatismes et la rage. L'Ittihad qui me protège ne m'a donné que ce modeste pouvoir.

Le chaouche était revenu avec un plat de céramique berbère au décor bleu de cobalt, chargé de gâteaux à la pâte blonde, enrobés de miel et piqués de grains de sésame le Cheikh, d'un mouvement ascendant de la théière, versa le thé parfumé dans les verres.

L'unique traitement que le saint homme appliquait à ses malades était la mise en place d'un anneau de cuivre dans le lobe de l'oreille. C'était une méthode universelle qui tirait son efficacité de l'inspiration divine de celui qui la pratiquait. Les malades venaient en foule voir l'ermite et c'étaient ces gens que le médecin avait aperçus autour de la zawiya. Les moins fortunés apportaient des offrandes en nature, des volailles, du bétail, quelques légumes.

Benjamin se souvenait avoir reçu à El Aroussa quelques fidèles qui portaient l'anneau métallique et qui étaient venus plus tard le consulter parce que l'oreille s'était infectée, les menaçant quelques fois de septicémie.

A ce moment le marabout ajouta, comme s'il avait deviné la réflexion de son visiteur :

– J'ai eu des succès célèbres, le général Clark par exemple, mais aussi quelques échecs. Mais ces échecs touchent toujours ceux qui ne se sont pas montrés suffisamment reconnaissants. Si, repentis, ils reviennent me voir, je les guéris. Celui qu'un serpent a mordu a peur de la corde.

Et d'un ton plus enjoué il ajouta :

– L'heure passe, Monsieur le Médecin. Les réservoirs sont pleins et en partant maintenant vous serez à Blida bien avant le coucher du soleil.

Benjamin se dit que ce vieil homme devait lire dans sa pensée. Comment avait-il pu savoir qu'il était venu à la zawiya pour se ravitailler en kérosène et pour, de là, repartir vers Blida ?

Sans lui laisser le temps de poursuivre son idée, Sidi Ben Moussa leva la main vers le parchemin où était tracée l'inscription stylisée.

– C'est écrit, dit-il d'un ton solennel : Dans la nuit noire, sur une table de marbre noir, une fourmi noire. Dieu la voit.

Chapitre 13

Blida - Dimanche 23 Avril 1961 - 17 h 00

La Marine n'avait pas, depuis 48 heures, clairement choisi son camp. Si d'un côté les chefs des commandos Marine et des fusiliers-marins semblaient s'être ralliés sans délai au nouveau commandement d'Alger, d'un autre côté Kebir et l'Aéronavale avaient donné des assurances contradictoires aux uns et aux autres tandis que les quelques navires disponibles avaient pris la mer en attendant l'évolution de la situation.

Les autres corps d'armée ouvertement dissidents ou non la veille semblaient, ce matin, flotter dans l'incertitude. La radio de Tunis s'était violemment engagée contre le coup d'État séparatiste et Ferhat Abbas s'en était pris aux généraux français inconscients et sanguinaires, parlant de colonialisme, de servitude et de génocide et prenant ainsi ouvertement le parti de De Gaulle. La conclusion imminente de cette affaire confuse tenait peut-être à un événement surajouté, à un artifice descendu des cintres qui viendrait donner un sens à ce chaos et le justifier aux yeux de tous. Pour l'instant, les nouvelles prouvaient que chacun était dans l'attente et que rien ne serait résolu avant que l'éclair vienne percer l'orage, disperser les nuages ou déclencher l'averse bienfaisante.

Les orangeraies couvraient la plaine de leurs alignements méticuleux. Puis se furent les oliviers centenaires du Bois Sacré entourant la koubba de Sidi Yacoub. En arrivant au-dessus de Blida, l'hélicoptère décrivit autour de la ville un grand cercle et survola en vain à basse altitude la piste d'aviation à la recherche du bimoteur. Quelques minutes auparavant, ils avaient appris que les recherches, entreprises à l'aéroport d'Alger pour retrouver la serviette de cuir, n'avaient pas abouti et qu'on était toujours sans nouvelles de l'équipe de réanimation de Bel Abbès.

– Interdiction de se poser ici, annonça le pilote. Nous allons tenter notre chance au quartier de la biffe.

Ils allèrent vers un vaste casernement, à l'autre bout de la ville et effectuèrent leur posé au centre de ce qui devait être la cour d'honneur.

Un groupe de parachutistes accourut vers l'appareil et prit position autour de lui. Le béret vert d'un des hommes s'envola sous le souffle des pales et roula derrière lui sur les pavés. Benjamin chercha des yeux celui qui commandait le groupe. C'était un sergent en treillis léopard et casquette Afrika Korps, solidement campé sur ses longues jambes. Il portait, attaché à sa cuisse droite par un lacet de cuir un poignard commando dont le manche était fait d'un coup de poing américain. Benjamin avait sauté hors de la bulle et il se dirigea vers le sous-officier qu'il entraîna à l'écart, retenant sa casquette avec sa main. L'autre se laissa faire, visiblement surpris par la détermination du médecin. Leur conciliabule dura quelques secondes au terme desquelles le sergent fit un signe de la main vers ses hommes, accompagné d'un ordre bref en allemand et deux d'entre eux se détachèrent du groupe pour rejoindre le médecin qui allait déjà vers le bâtiment principal du casernement.

Le colonel le reçut, à peine son secrétaire l'avait-il annoncé.

Cet homme affable représentait le type le plus accompli de l'officier de carrière tel que Benjamin l'avait découvert au début de son service militaire, maintes fois retrouvé par la suite. Malgré la chaleur qui régnait dans son bureau, il portait l'uniforme avec aisance et naturel, sans aucune des petites négligences que la canicule et une sieste interrompue aurait pu marquer sur son maintien. Ses cheveux étaient irréprochablement peignés courts, son visage hâlé gravé de traits accentués. Les paupières plissées, il se tenait les bras croisés, en pianotant doucement d'une main fine et soignée sur sa manche galonnée.

– Alors, dit-il sans élever la voix, alors, vous êtes venu pour soutenir vos camarades communistes ?

Le médecin retint sa respiration pour mieux enregistrer et ensuite essayer de comprendre la question qui lui était faite. Voyant qu'il ne répondait pas, l'officier répéta mot pour mot sa première demande et ajouta d'un timbre à peine plus élevé.

– Vous espérez sans doute me faire croire à cette histoire de bagage perdu ! On vous a vu à l'Amirauté où vous êtes allé comploter avec ces idiots de marins et puis à Maison Blanche et puis à Bel Abbès, Marnia, Boufarik. Décidément vous êtes partout, ou plutôt vous étiez partout, parce que votre promenade prend fin ici, à Blida, où vous resterez jusqu'à nouvel ordre. Auparavant je crois utile de vous conseiller de faire un rapport exact et précis de ce qui se passe, en notant l'heure et la minute de chaque événement. Du papier vous sera fourni. Il est en effet possible que vous ayez besoin de fixer vos souvenirs pour l'enquête qui sera bientôt ordonnée contre vous et contre ceux qui, comme vous, croient qu'ils peuvent impunément prendre le parti de la défaite et essayer d'y entraîner les autres.

Pendant que son interlocuteur parlait, Benjamin ressentait une lassitude légère qui l'envahissait doucement et qui l'inclinait à la capitulation. Il eut envie de sourire, tant il trouvait extravagant l'imbroglio qu'aggravait chaque heure qui passait.

Il se dit alors que mieux valait ne pas répliquer. Trop d'invraisemblances et aussi trop de contradictions potentielles marquaient sa situation actuelle pour qu'il puisse par une explication logique dissiper le malentendu.

Il gardait le souvenir des moments de son existence où les choses de la vie, comme à cet instant, cessaient leur déroulement harmonieux pour s'engager tout à coup dans un maelström implacable où chaque parade semblait renforcer les mauvais coups et où, atteint enfin le moment du désespoir le plus profond, il connaissait soudain, miraculeusement la résurrection et la victoire.

Tout cela lui apparut comme un rêve dérisoire et il décida que, pour l'instant, mieux valait ne pas se réveiller afin de laisser aux atomes le temps pour trouver leur place et pour coordonner d'eux-mêmes une solution.

Le colonel fut certainement surpris par son silence. Il s'attendait sans doute à une diatribe alimentée de marxisme et d'antimilitarisme. Il hésita à poursuivre, puis, rendu méfiant par l'attitude inattendue de son interlocuteur, il ouvrit un tiroir latéral de son bureau, prit quelques feuillets de papier blanc et les tendit au médecin en disant :

– Voici pour votre déposition. Sachez au moins que le Dakota que vous êtes venu chercher ici se trouve à l'heure présente à In Salah, à 1 500 km au sud. On va maintenant vous conduire à votre chambre. Le pilote de l'hélicoptère restera à Blida cette nuit. L'appareil est consigné.

Sur le palier, Benjamin retrouva les deux parachutistes qui l'attendaient. Ils furent rejoints par le secrétaire du colonel qui leur montra le chemin jusqu'à la caserne. Ils y pénétraient lorsqu'une voix cordiale leur adressa un salut. C'était l'aumônier de la base.

– Garçons, c'est le jour ou jamais de demander quelque chose à Dieu. Alors ne ratez pas l'office des vêpres. Nous y serons tous dans un quart d'heure.

Le médecin se dit que le second maître Paturel s'y rendrait sans doute aussi. Il aurait ainsi l'occasion de l'y retrouver et de lui parler sans trop attirer l'attention. Il se surprenait à jouer les conspirateurs alors qu'il n'avait en fait rien à redouter de personne ou peut-être déjà la fatigue commençait-elle à altérer insidieusement son jugement et à déformer la valeur qu'il devait donner aux choses.

La chambre était meublée d'un lit à étages, d'une armoire métallique, d'une table et d'un tabouret. La fenêtre, garnie de barreaux de fer, laissait voir la rangée des casernements d'en face, austère et laide. Benjamin se souvint d'une remarque qu'il s'était faite sur l'agrément plus grand qu'il y avait à choisir un agréable vis-à-vis plutôt que d'habiter soi-même derrière une belle façade. Il se détourna de la croisée et remercia son accompagnateur puis il le rappela :

– Attendez-moi, je vais avec vous à la messe.

Les deux hommes longeaient l'alignement des bâtiments tristes de la caserne quand le médecin arrêta ses pas, surpris par des gémissements qui semblaient venir de derrière la porte en bois à double battant fermant une sorte de garage. Un cri étouffé et des insultes en arabe puis un silence entrecoupés de pleurs. C'était une voix de femme.

Benjamin s'approcha de la porte, leva le loquet de fer et s'arrêta sur le seuil, stupéfait. Un sergent et deux soldats, au centre d'une vaste pièce encombrée de vieux pneus et de planches couvertes de poussière entouraient une femme. Une forte lumière blanche tombait de l'ampoule électrique qui pendait du plafond au bout d'un fil tire-bouchonné. Il régnait une odeur de mie de pain aigre. La femme paraissait trente ans. Elle rajustait son saroual qui était descendu sur ses chevilles puis d'un geste rapide entoura sa taille d'une longue cordelière brune. Elle ramassa le foulard bariolé dont elle enrubanna ses tresses roussies de henné. Elle tenait son regard baissé et d'un mouvement furtif du dos de la main, essuya son visage baigné de larmes.

Le médecin cachait mal sa confusion et l'autre qui était resté en retrait sur l'allée expliqua :

– Ce n'est rien, mon lieutenant, on ne viole personne. Il faut vérifier de temps à autre si les femmes des fellaghas reçoivent la visite de leur mari. Alors on en prend quelques unes dans les douars et on regarde si elles sont rasées ou pas. Si elles sont rasées, c'est que le fell n'est pas loin. Mais on ne viole personne. C'est du renseignement et c'est tout.

Il claqua la lourde porte et ils repartirent vers l'église qui se dressait à trois cents pas du portail de la caserne et dont le carillon répété leur parvenait comme un écho. C'était une ancienne mosquée consacrée après la conquête, à la façade crépie d'ocre et surmontée d'un clocheton majestueux. A sa droite, on voyait les croix du cimetière dépassant du mur d'enceinte. De nombreux fidèles affluaient encore vers le parvis dominé par les trois marches de pierre du portail central. Des hommes en costume clair et des femmes, la tête couverte d'un fichu ou d'une mantille, quelques enfants aussi et des militaires en uniforme, en treillis pour la plupart. Quand ils entrèrent dans la nef, il leur fallut se frayer un chemin parmi tous ces gens pour parvenir jusqu'à l'allée latérale où la foule était moins nombreuse. L'homélie débutait. Benjamin s'adossa à la vasque d'ablutions qui tenait lieu de bénitier et comme par sa taille il dépassait d'une demi-tête les fidèles qui étaient devant lui, il pouvait apercevoir la partie droite de l'autel illuminé par la flamme dansante des cierges. Au fond du chœur étaient peintes deux hautes figures de Saints, de part et d'autre d'une fenêtre étroite sans vitrail d'où filtrait un rai de lumière qui fendait obliquement la pénombre. Il flottait un parfum de fleurs séchées et d'encens.

Une voix puissante, au timbre de basson emplissait l'église. D'où il se trouvait, Benjamin ne pouvait apercevoir la chaire établie sur l'ancien Mimbar. Il avait la sensation que les paroles du prêtre, répercutées par les murs nus, l'enveloppaient et le pénétraient. Les murmures confus de l'entrée s'éparpillaient dans le silence de la nef.

– On m'a dit que quelqu'un avait trahi notre pays. Celui-là je ne le connais pas. Ceux qui disent que mes enfants vont partir et laisser tout ce qui a été notre vie se trompent. Il y aura peut-être ceux qui partiront et oublieront, mais il y aura aussi ceux qui seront restés et se souviendront. Je serai avec eux quand la bourrasque sera là et plus tard aussi, quand les nuages se dissiperont et que tous découvriront une vie nouvelle. Mes enfants, vous pensez peut-être que nous sommes arrivés à ce moment, près du commencement de la fin, où chacun se prend à croire que Dieu, Dieu que tout le monde jusque-là avait oublié, que Dieu va reprendre les choses en main et accomplir à notre place l'oeuvre de charité, l'œuvre de bonté et l'oeuvre de courage qui auraient dû être les nôtres. Je crois plutôt que nous sommes seulement à la fin du commencement. Je vous le dis, c'est toujours le vaincu qui désigne le vainqueur. Quand j'entrais tout à l'heure dans notre église, Tahar Ben Slimane, mon frère de lait m'a embrassé comme il le fait chaque fois que nos chemins se rencontrent. Aujourd'hui, il était venu pour me remettre ce feuillet plié et que j'ai lu et que je vais vous lire :

« Vous qui rencontrez une troupe en armes, tenez ferme et souvenez vous sans cesse de Dieu, peut-être aurez vous le Bonheur. Écoutez Dieu et son apôtre sans contester, sinon vous fléchirez et le bon vent tournera. Soyez endurants car Dieu aime les endurants. Ne soyez pas comme ceux qui sortaient de chez eux avec jactance et ostentation pour s'écarter des sentiers de Dieu et Dieu cernait leur nature. Le Satan, lui, les embellissait : aucun homme aujourd'hui ne vous vaincra, je vous protégerai leur disait-il. Et quand les deux troupes s'entr'aperçurent, ils tournèrent les talons. Je ne réponds plus de vous, je vois ce que vous ne voyez pas, et j'ai peur de Dieu, car Dieu est terrible en châtiments. »

– C'est la Sourate VIII du Livre Sacré de Tahar Ben Slimane. Pour Tahar aussi il faut que je reste. Il faut que nous restions. Nous avons, lui et moi, été nourris par la même mère. Il ne faut pas que Tahar puisse penser que j'ai trahi tout ce qu'ensemble nous avons imaginé, construit et aimé dans nos jeux et dans nos rêves. Je me souviens de mon père, il y a bien longtemps, quand j'avais à peine dix ans. Un soir que nous étions allés sur la colline, derrière le Bois Sacré et que nous voyions à nos pieds les champs de vignes des fermes Lambert et Philémon et aussi ceux de notre ferme, il s'est arrêté, m'a tenu la main et m'a dit : « Tu vois comme ce pays est beau. Je l'aime comme on aime une femme. Et une femme tu sais, si tu veux la garder, ce n'est pas nécessaire d'être riche et d'être beau, il faut seulement qu'elle soit certaine que tu ne la trahiras jamais. Celui qui trahira ce pays le perdra. » Mon père est mort depuis des années déjà. Maintenant c'est moi qui suis devant vous, mes enfants et je vous demande : si vous ne tenez pas votre parole, où serez-vous, que serons-nous, nous tous qui nous aimons, quand nous nous réveillerons le matin de la prochaine vendange ?

Chapitre 14

Blida - Soirée du dimanche 23 avril 1961

Benjamin était donc prisonnier. La lumière vive et brûlante le saisit sur les marches du parvis. Autour de lui, les fidèles se dispersaient silencieusement, quittant à pas lents l'église sans former comme à l'accoutumée les petits rassemblements bavards d'après messe.

– Monsieur le Médecin ! Sauf votre respect, vous allez aussi à la messe ? Je voulais vous dire que nous sommes consignés à Blida jusqu'à nouvel ordre.

C'était le second maître Paturel qui avait assisté à l'office.

– Je le sais trop bien. D'ailleurs, je suis moi-même aux arrêts sur ordre du colonel. Vous me trouverez à la caserne si vous avez de meilleures nouvelles. Si je suis absent, ne vous inquiétez pas. Dès que vous le pourrez, rentrez à l'Amirauté. Nous nous retrouverons bien un jour.

L'autre s'en alla, impeccable dans son vert recoupé.

A l'entrée de la caserne, la sentinelle, décontenancée par la tenue du médecin de la Marine, officier déguenillé, rectifia à tout hasard la position à son passage. Benjamin se souvint du jour où, promu à deux galons comme tous les aspirants maintenus plus de dix-huit mois sous les drapeaux, il était allé à Nemours chez le tailleur de l'équipement pour revêtir son nouvel uniforme. A son entrée dans le magasin d'habillement les matelots n'avaient même pas levé un regard sur lui. Quand il en était sorti, rutilant de ses galons neufs, de ses attentes et de ses boutons dorés, tous, interrompant leur besogne, s'étaient mis au garde-à-vous et lui, surpris de l'hommage rendu à sa passementerie avait répondu selon l'usage à ceux qui lui rendaient les honneurs :

– Repos, vous pouvez fumer.

Étrange reconnaissance du pouvoir que celle qui honore les insignes. Il lui revenait ainsi en mémoire le conseil d'un ministre anglais des siècles passés qui avait écrit un long ouvrage sur la manière pour recevoir dignement les récompenses et pour accepter avec grâce les distinctions afin d'honorer et de magnifier pleinement le donateur.

La cour du casernement était cernée par d'austères bâtisses séparées par des allées larges et désertes. Le médecin hésitait sur le chemin à suivre tant les voies pavées étaient semblables. Il choisit au hasard la plus proche, cherchant où se trouvait sa chambre. Il alla ainsi jusqu'à une sorte de hangar où deux soldats, installés de part et d'autre d'une cuve de gas-oil, jouaient aux cartes en écoutant à la radio une chanson de Jacques Brel.

– Quelles sont les nouvelles ? demanda Benjamin qui s'était approché d'eux.

– Pas fameuses, mon lieutenant, répondit l'un des hommes en ruminant son chewing gum. Il parait que nous allons rester en Algérie. La quille est repoussée à perpette. Et, montrant du doigt la longue antenne spiralée qui, du petit transistor, s'élevait vers le toit auquel elle était accrochée il ajouta : « C'est Radio Monte Carlo. On ne peut recevoir Europe 1 que la nuit ».

Une voix féminine annonçait maintenant :

– Vive baisse des valeurs françaises enregistrée ce lundi à la Bourse de Paris. De même sur le Marché des Changes de Genève, le franc accuse le coup. Par ailleurs, l'indice Dow Jones....

Le soldat, sans doute indifférent aux choses de la finance, avait baissé le son puis il indiqua au médecin la direction du bureau du colonel et il reprit avec son camarade la partie interrompue.

Tout en marchant, Benjamin se disait que les arrêts de rigueur prononcés contre lui n'avaient certainement pas toute la valeur qu'il leur avait d'abord attribuée. Un officier inconnu l'avait accusé à tort d'intentions politiques imaginaires et la sanction qui en résultait était donc injustifiée. Il pouvait alors en tant que tel se considérer comme innocent et libre. Il lui sembla entendre, venant du bâtiment principal de la caserne dominant la cour d'honneur, des chants qui éclatèrent quand l'une des fenêtres du deuxième étage s'ouvrit sur un soldat hilare, qui agitait un drapeau rouge à la manière des gonfaloniers, au rythme du refrain de l'Internationale entonné par ses camarades de chambrée.

Il accéléra le pas et prit au plus court vers la sortie pour gagner la rue. En franchissant le portail, il vit au passage son image dans le miroir placé là pour que chacun puisse rectifier sa tenue afin de figurer dignement dans le monde extérieur. En face, à une centaine de mètres, un store bleu signalait la terrasse d'un café. La plupart des tables étaient occupées. C'était l'heure de l'apéritif. Des européens, des hommes et quelques femmes, étaient installés à l'ombre, devant des verres d'anisette, soulignant leurs paroles de mimiques et de gestes des mains. Ils parlaient de l'arrivée à Alger du général Salan, accompagné de Susini et de Ferrandi venus d'Espagne rejoindre le mouvement des généraux rebelles. Benjamin prit place à une des dernières tables libres. Il ôta sa casquette, essuya son front et chercha du regard le garçon pour commander un selecto et une omelette à la soubressade.

Un des clients, de la table voisine, l'interpella joyeusement :

– Un marin à Blida, c'est rare !

– C'est bien pourquoi je voudrais en partir, répliqua Benjamin.

– Justement, le Comte va ce soir à Bougie. Sa voiture, c'est la Bentley qui est garée là le long du trottoir. Il se fera certainement un plaisir de vous emmener avec lui.

Une charrette chargée de briques, conduite par un jeune garçon dont le turban blanc était à demi défait, s'arrêta au milieu de la rue. Un cheval d'une maigreur extrême lui était attelé, comme un squelette animé par quelques tendons, les côtes apparentes soulevées par un souffle rapide et superficiel, les yeux hagards. La bête, perdue d'épuisement s'était immobilisée, les pattes écartées, cherchant son équilibre, comme prise de vertige. Le garçon lui avait envoyé en criant une bastonnade qui résonnait sur la croupe osseuse. L'animal se raidit sous les coups, puis, son corps se mit à trembler et, dans un galop soudain, il enleva violemment la charrette qu'il emporta, grotesque cheval de l'apocalypse, déversant quelques briques qui vinrent éclater sur la chaussée.

– Je n'ai jamais su pourquoi ces dernières années on s'était mis à nous appeler des pieds-noirs. C'est encore une méchante idée de ces gens qui, en Métropole, ne nous aiment guère.

Le Comte Hugues de Tournefort menait sa berline comme sans doute jadis ses ancêtres leur destrier. A bride abattue. C'était une Bentley modèle 1936, gigantesque dans sa robe anthracite avec ses grandes roues à rayons et surmontée d'une antenne étrangement longue et flexible, que le vent inclinait au gré de la vitesse. Benjamin était confortablement installé dans le cuir fauve capitonné, ses jambes étendues à l'aise sous le tableau de bord plaqué de loupe de sycomore. Il avait jeté sa casquette sur la banquette arrière et se laissait aller au plaisir de ce voyage imprévu.

Le Comte paraissait la quarantaine. C'était un géant roux, au visage puissant encadré par une barbe épaisse et soignée auquel ses yeux gris, couverts de sourcils en broussaille, son large sourire qui découvrait des dents éclatantes donnaient une force animale. Il conduisait d'une seule main, tenant de l'autre une grosse cigarette Boyard qui se consumait au vent et aux gestes qu'il faisait pour accompagner ses paroles. Il était le descendant de ces aristocrates qui, au siècle dernier, sans déroger, étaient partis comme des templiers établir la puissance de leur patrie sur les terres inhospitalières d'Afrique. Ses aïeux avaient défriché quelques milliers d'hectares de steppe du côté de Ténès, bâti des barrages sur les oueds capricieux, fertilisé la terre le fusil à la bretelle, repoussant les rezzous que les pillards lançaient à partir des khaïmas toutes proches.

Il parlait d'une voix forte, tournant sans cesse son regard vers son compagnon de route, comme s'il négligeait ce qui se passait devant lui.

Arrivés au carrefour de Souma, ils prirent la route de Rovigo, qui court dans un paysage de garrigue et de bosquets de chênes liège. Il faisait déjà nuit quand ils traversèrent la petite ville. Aux fenêtres on voyait de nombreux drapeaux tricolores.

– Nos Arabes sont des bergers, des poètes, des scientifiques aussi, ce ne sont ni des ouvriers, ni des paysans. Mes amis Arabes appartiennent tous à des professions libérales ou bien sont d'habiles commerçants.

Il expliqua qu'il se rendait à Bougie où son père lui avait légué une entreprise d'armement de navires et qu'il pourrait par un détour vers le Nord déposer le médecin à la Reghaia.

– C'est une curieuse légende qui court en France et qui voudrait faire croire que nous tenons les populations musulmanes en esclavage. Savez-vous ce qu'est l'esclavage ? Je vais vous raconter ce qui est arrivé à un de mes amis en Arabie où il était en poste il y a quelques années. Au début de son séjour à Riyad ses hôtes le conduisent vers la demeure qui lui était attribuée. En route, à sa stupéfaction, son guide lui demande s'il pense qu'un seul esclave suffira à son service. Il avait avec peine réprimé son indignation et affirmé aussitôt qu'il préférait s'occuper seul de ses affaires. Alors on lui répond qu'il ne pouvait pas refuser d'utiliser cet esclave qui faisait partie de la maison mais qu'il est autorisé à en demander de supplémentaires s'il le désire. Arrivé chez lui, il trouve une vieille africaine, son esclave, à qui il essaye d'expliquer qu'il veut sans équivoque la traiter comme sa semblable et qu'il est certain qu'ils allaient s'entendre fort bien tous les deux. Au matin, avant de partir à son travail, il lui dit comment il aimerait que son lit soit fait, quel repas il souhaiterait pour le soir et il s'en va pour la journée. A son retour, pas d'africaine à la maison. En revanche, le lit est encore défait, le réfrigérateur ouvert et vide, la lumière allumée un peu partout. Une inquiétude lui vient. L'aurait-on enlevée ? Serait-elle malade ? Il court chez son voisin, plus ancien que lui dans le pays et à qui il pense demander conseil. Ce voisin est absent pour longtemps mais mon ami dès l'entrée reconnaît aussitôt son africaine paisiblement endormie sur une chaise longue, près de sa collègue et voisine, esclave comme elle et avec qui elle avait partagé le repas prévu pour lui. Les jours ont passé et il voie bien qu'il ne peut obtenir aucun service de cette femme, tandis que sa demeure prend peu à peu l'aspect d'un sordide galetas malgré l'acharnement qu'ilmet à restaurer les dégâts et à faire le ménage lui-même. A bout de force, il décide d'aller se plaindre au Palais. Le fonctionnaire qui écoute ses doléances lui demande aussitôt s'il a battu son esclave. Mon ami proteste, affirmant qu'il n'userait jamais de tels procédés contre un de ses semblables. C'est votre tort, lui répond l'employé. Si vous ne la battez pas, elle ne travaillera pas. Consterné, mon ami allait partir quand une illumination s'est faite en lui et il propose aussitôt de libérer son africaine de l'esclavage en l'affranchissant. Cette solution paraissait résoudre ses difficultés tout en satisfaisant son goût pour les actes nobles et rares. Affranchir un esclave est possible lui répond le préposé, à condition que lui-même soit d'accord. Vous devez alors remplir la demande que voici, la signer, la faire signer par votre esclave et par deux témoins avant de la déposer au Palais. Si la demande est agréée par le Conseil, l'accord du Prince vous sera remis après le délai légal de deux ans. Si jusque-là aucun recours n'est intervenu, la procédure suivra son cours et après trois ans votre esclave sera libre. Les frais du dossier s'élèvent à 20 000 livres. Il vous faut aussi prévoir l'entretien de votre affranchie et celui de sa famille, entretien que vous pouvez assurer soit par le versement global d'une somme de 160 000 livres, soit par une rente mensuelle répartie sur vingt années et indexée sur le coût de la vie. Enfin les frais de la cérémonie d'affranchissement et la fanfare sont à votre charge. Comme mon ami, accablé, courbait la tête, le fonctionnaire compatissant a ajouté que dans le cas où il préférait malgré cela ne pas corriger son esclave lui-même, il existait au Palais un service qui pourrait la battre selon ses souhaits, aux tarifs affichés à l'entrée.

Ils arrivaient à Alba comme Tournefort achevait de conter son anecdote dans un éclat de rire sonore. Reprenant son sérieux, il ajouta :

– Il va être 8 heures. Nous aurons les informations de Métropole. A cette heure-ci les ondes nous parviennent beaucoup mieux que pendant la journée. Je commence à croire que ce que nous raconte la radio d'Alger est destiné à nous bourrer le crâne. En nous disant par exemple qu'un correspondant de la chaîne NBC a donné l'assurance que Challe a demandé son appui à Kennedy. Les Américains ont bien assez de tracas avec leur échec de la Baie des Cochons ! Et d'un autre côté les excités des ondes courtes parisiennes nous inondent de fausses nouvelles avec savez-vous qui à leur tête ? Emmanuel de la Taille !

Et il tourna le bouton de l'autoradio. C'était le bulletin météorologique sur Europe 1. Aussitôt après, le présentateur annonça :

– Vous allez entendre maintenant l'allocution du général de Gaulle, Président de la République.

– Fantastique ! Le grand Charles s'adresse à nous ! jeta le géant au sang bleu.

De fait, après un court silence, c'était la voix du vieux général, un peu rauque mais pleine de vigueur.

– Un pouvoir insurrectionnel s'est établi en Algérie, par un pronunciamiento militaire. Les coupables de l'usurpation ont exploité la passion des cadres de certaines unités spécialisées, l'adhésion enflammée d'une partie de la population de souche européenne qu'égarent les craintes et les mythes, la puissance des responsables submergés par la conjuration militaire. Ce pouvoir a une apparence : un quarteron de généraux en retraite. Il a une réalité : un groupe d'officiers, partisans, ambitieux et fanatiques. Ce groupe et ce quarteron possèdent un savoir-faire expéditif et limité. Ils ne voient et ne comprennent la nation et le monde que déformés à travers leur frénésie. Leur entreprise conduit tout droit à un désastre national.

Aux premières maisons de Rivet, un barrage fait de quelques caisses et de deux grands bidons d'essence les obligea à stopper. Plusieurs parachutistes du 1er Régiment Etranger entourèrent la Bentley. Ils balayèrent l'intérieur de la voiture avec le faisceau de leur lampe torche. Puis le sergent que les commandait leur cria :

– Non sono loro ! Lasciate passare !

Deux des hommes roulèrent alors l'un des lourds bidons sur le côté de la route pour libérer le passage.

– Ils cherchent sans doute des Parisiens, plaisanta le Comte en démarrant au travers de la chicane.

Le général, inéxorable, terminait son discours :

– Français, Françaises ! Voyez où risque d'aller la France par rapport à ce qu'elle était en train de redevenir. Français, Françaises : aidez-moi !

Après un moment de silence, Tournefort frappa sa cuisse de la main et s'exclama :

– Je ne comprends pas pourquoi Challe n'a pas fait brouiller cette émission. Vous savez, on parle beaucoup de l'Armée Française en Algérie, mais ce soir c'est tout simplement un demi-million de garçons avec un transistor. Ce discours vaut toutes les promesses et toute la mitraille du monde. A l'heure qu'il est, je suis certain qu'il y a ici de plus en plus de gaullistes et de moins en moins d'Algériens. Il va me falloir parler à mes fils. L'ainé termine à Grenoble ses études d'ingénieur, mais les trois cadets sont encore à la ferme.

Puis d'un ton plus léger, il ajouta :

– Le quarteron ! Quel vilain mot ! A propos, savez-vous que le Général Jouhaud, l'un des quatre rebelles, dirigeait tout près d'ici une usine de traitement de pâte à papier ? Je l'ai bien connu. C'est un homme d'un grand courage. Quant aux autres, ils sont d'un tempérament très différent. On dit que Zeller est coléreux et maniaque. Challe est trop tacticien et Salan trop ambitieux.

Ils avaient atteint la plaine côtière, noyée dans une brume légère flottant au raz des berges de la route qui filait toute droite vers le Nord.

– La Reghaia ! annonça Tournefort en montrant des lumières lointaines.

Peu après, la Bentley longea les hautes clôtures de barbelés qui protégeaient la base aérienne pour s'arrêter devant l'entrée que signalait une structure métallique en forme de portique surmontée d'un écusson armorié et d'un drapeau que le sirocco avait enroulé autour de sa hampe.

– Dieu vous garde ! lança le Comte de Tournefort à Benjamin quand celui-ci eut atteint la guérite de la sentinelle.

La grande voiture reprit aussitôt son chemin en faisant crisser les graviers et disparut dans la nuit.

Chapitre 15

La Reghaia - Lundi 24 avril 1961 - 0 h 00

Il était presque minuit quand la sentinelle poussa la grille d'entrée. La nuit était profonde, sans lune, animée seulement par l'appel des grillons. Les éclairages au néon répandaient sur les bâtiments épars une clarté blafarde et triste.

L'entrée du mess était signalée par une ampoule nue, à la lumière vive autour de laquelle étaient lovées trois salamandres au corps noir et luisant marbré de jaune.

Benjamin tourna le bouton de la porte qui s'ouvrit sur une sorte de préau sombre garni de tables et de chaises de bois et dont un des côtés était occupé par un bar. Au mur, des emblèmes militaires et des fanions multicolores entremêlaient leurs quartiers où voisinaient les sabres, les boulets, les haches et toute une imagerie glorieuse et désuète. Dans un coin de la salle, une table était occupée par un dîneur solitaire.

C'était un homme d'une cinquantaine d'années ou peut-être davantage, mince, vêtu de la vareuse de général d'aviation, le col de la chemise déboutonné, la cravate défaite. Devant lui, un pot de porcelaine blanche et une tasse avec une infusette de verveine. Il se tenait assis, les coudes sur la table, la tête enfoncée entre les épaules, les jambes étendues croisées avec les pieds posés sur la chaise, en face de lui.

- Bienvenue à La Reghaia, lança-t-il d'une voix forte qui retentit dans le vide de la pièce. Je n'aime pas souper seul. Me ferez-vous le plaisir de partager mon repas ?

Benjamin ne put s'empêcher de jeter un coup d'œil surpris sur la table à peine servie et sur la salle déserte. Son hôte, voyant son embarras, montra de la main le siège qui lui faisait face puis, repliant ses genoux, il redressa son buste et frappa trois grandes calques dans ses mains. Un craquement suivi d'une quinte de toux sortit de derrière le comptoir et le médecin vit un jeune caporal apparaître, rajustant sa chemise, le regard embué de sommeil. Sans mot dire, le soldat fourragea sous les étagères où étaient alignés des coupes et des trophées sportifs et se retourna, tenant deux assiettes plates, deux verres de cristal à pied et des couverts de métal argenté qu'il vint disposer sur la table des deux dîneurs, avec des gestes à la fois empressés et maladroits. Il alla de nouveau à sa desserte pour en revenir avec une bouteille de vin et une petite ménagère en vannerie pour le sel et le poivre.

Le général, après avoir posé sur son nez de grosses lunettes d'écaille saisit le goulot de la bouteille entre le pouce et l'index de la main gauche, puis en souleva doucement le corps avec le creux de l'autre main pour lire commodément l'étiquette.

– 1951. C'est parfait, Simon. Et maintenant que le festin commence.

Le serveur revînt avec un plat ovale sur lequel étaient rangées une trentaine de tranches de salami.

– Du pain, Simon !

– A vos ordres mon général.

– Le beurre, Simon !

– Il n'y a pas de beurre mon général.

Le vin était fameux et le salami délicieusement croquant de poivre noir.

Les premières tranches avalées, le général remplit les verres que l'un et l'autre avaient vidés par petites gorgées et, rompant le silence, il demanda à son invité :

– Vous êtes sans doute déçu de ne pas avoir vu la flotte de Guillaume le Conquérant. Pourtant, elle était ici toute prête et depuis longtemps. Elle s'est peut-être envolée pour Paris. Bientôt, elle arrivera sur la grand'ville pour jeter ses abominables soudards à l'assaut des institutions de la République. Vous ne me croyez pas ? Vous avez tort. Peut-être n'avez-vous pas écouté tout à l'heure la tirade de cet homme malade qui nous tient lieu de premier ministre ?

Le général reprit du salami et une bouchée de pain puis il poursuivit :

– Il y a deux ans, quand de Gaulle a décidé de prendre le pouvoir en France et que chacun ici souhaitait le voir réussir et sauver l'honneur en Algérie, nous avons, à l'initiative du même Michel Debré et des autres barons du gaullisme, mis sur pied une force d'intervention aéroportée qui devait, à partir des bases d'Afrique du Nord, investir Paris pour neutraliser les forces militaires et, dans la capitale même, prendre possession des ministères, des centres administratifs, de communication et de ravitaillement. Cela au cas où les pauvres bougres qui tenaient encore les leviers branlants de la 4e République se seraient avisés de résister au coup d'État de De Gaulle qui, en réalité, était notre coup d'État. C'était l'opération Résurrection pour laquelle nous avions des relais et des soutiens dans tout le pays. Vous connaissez la suite. Le fruit était trop mûr pour ne pas tomber tout seul entre les mains de notre grand homme et le plan Résurrection, devenu inutile, n'a pas été déclenché. Depuis, comme vous le savez, de Gaulle a dit qu'il nous avait compris. Aussitôt pris le pouvoir, ce forban a changé de cap et a annoncé l'abandon de l'Algérie. Il nous a trompés et trahis dix fois et maintenant il veut nous faire renier toutes les promesses que nous avons faites en son nom au peuple d'Algérie. Il va profiter du baroud d'honneur de quelques hommes courageux et honnêtes pour se débarrasser de ce qui reste de l'Armée en faisant croire à la France qu'une dictature militaire menace le pays. Alors, il s'est souvenu du plan Résurrection qu'il avait lui-même, naguère, organisé. Il a réinventé une armada d'avions et de parachutistes fantômes prête, sur notre base de La Reghaia, à prendre son envol imaginaire vers le Nord pour semer l'affolement partout en France, pendant qu'ici tout est en train de s'effondrer. Même l'état-major de Challe ne lui obéit plus. Des centaines de harkis ont déserté depuis ce matin.

Il parlait avec un débit régulier, sans que la passion vienne accélérer ou briser l'écoulement des mots. Il semblait dire un texte cent fois répété dans le vide de son cœur.

– Quand on pense qu'il va faire éclater la semaine prochaine une bombe atomique en plein Sahara, ajouta-t-il.

Le médecin se souvint de l'adage d'un de ses vieux maîtres qui répétait volontiers que les faits n'ont que la valeur de leur interprétation. Il pensait qu'en réalité la passion était là qui aveuglait le général d'aviation au point de l'empêcher de voir assez clair pour comprendre que dans les affaires de cette dimension les événements prennent une existence propre qui semble les faire évoluer de manière incontrôlable tant les causes de perturbations sont nombreuses et imprévisibles. Il fit part de ses réflexions à l'officier général.

– Et si, tout simplement, le premier ministre croyait à son histoire, bâtie par de Gaulle ? Peut-être a-t-il brusquement réalisé que le dispositif organisé dans le passé pouvait être utilisé maintenant par d'autres et contre lui-même ?

Le général d'aviation parut surpris par cette remarque, peut-être parce qu'il était accoutumé à ne pas être contredit dans ses conversations de table ou parce qu'il estimait l'interprétation de son invité peu réaliste.

Il répliqua avec un léger agacement :

– Voyez-vous Toubib, ce soir je me demande vraiment si quelqu'un ne s'est pas moqué de nous. Je sais bien que les chefs providentiels sont des marchands d'espérance. Mais tout de même, le bruit courait dans les états-majors d'une opération Messenger organisée à l'initiative de la CIA et qui devait faire parvenir à Alger, le jour du déclenchement, les lettres officielles confirmant le soutien de l'Amérique et aussi des documents donnant accès à des comptes bancaires secrets. Chacals volants que tout cela !

Puis après une pose, il ajouta d'un air subitement rasséréné.

– C'est un bon vin tout de même. Pour vous, le coup de l'amiral.

Et il versa dans le verre du médecin ce qui restait de vin en veillant à laisser un peu de liquide au fond de la bouteille.

Benjamin voyait se dissiper l'assoupissement passager qui l'avait gagné pendant la route et, le vin aidant, il se sentait envahi par une sensation de confort physique et par un sentiment d'universalité comme si tout en lui préludait à la réalisation d'une grande entreprise. Tout à coup, une image le traversa comme un éclair, venue du plus profond de lui-même. Il revit la cabine du H 34 basculant au cours du premier passage à Slihane avec Hamdi essayant de rattraper le flacon qui s'envolait, puis saisissant le sac contenant le plasma. Et si la serviette de cuir avait à ce moment-là glissé dans le vide sans qu'il l'ai vue pour tomber dans un vallon perdu du côté de la frontière ?

Aussitôt, il sentit son cœur se remettre à battre. Quel fou il faisait ! Il n'avait pas encore la serviette au cours de l'appui canon ! Non, décidément, c'était bien dans le DC3 qu'elle était restée au moment du transbordement et de la réquisition par les hommes du 1er REP.

Le général avait remarqué le trouble soudain de son interlocuteur.

– Quelque chose ne va pas ?

– J'ai fait comme un mauvais rêve.

– On dit, que bon ou mauvais, on ne reprend jamais la suite d'un rêve interrompu. Allons nous dégourdir les jambes, cela finira de vous réveiller.

Benjamin jugea le moment venu de parler de son affaire. Il choisit de l'exposer en peu de phrases et de taire les divagations qui pouvaient venir à l'esprit quant au contenu de la serviette.

Ils étaient arrivés sur le pas de la porte.

Le général resta un moment silencieux, comme captivé par l'observation des salamandres qui rampaient lentement, guettant le passage des insectes dans la plage de lumière au-dessus de la porte du mess.

Sans quitter des yeux les batraciens, il énonça :

– Aux objets trouvés. Votre sacoche se trouve aux objets trouvés.

Puis se tournant vers le médecin il continua :

– Il n'est pas possible qu'un objet sans identification remonte point par point un itinéraire semblable à celui que vous avez parcouru. Il ne peut pas revenir à son point de départ. Vous m'avez dit que vous aviez la certitude d'avoir laissé la serviette dans l'avion à Maison Blanche. Pouvez-vous imaginer que vos camarades réanimateurs, de retour à Bel Abbès, et à condition qu'ils aient emporté votre sacoche, ont retrouvé votre hélicoptère de Marnia et pas un autre, pour la remettre à son pilote et que ce pilote aura cherché et rejoint l'alouette de Tlemcen partie sans doute en Evasan on se sait où, puis l'alouette de Tlemcen contacté le H 34 qui aura fait pendant ce temps l'appui-canon sur le barrage ? Comment tous ces personnels auraient-ils pu, dans cette toile d'araignée d'allers et de retours, de missions et d'étapes, reconnaître le nom et l'affectation du propriétaire de votre serviette sourde et muette. Si votre idée était la bonne, la sacoche n'aurait pas suivi la route inverse de celle déjà parcourue mais un trajet désorienté et ramifié qui vous restera toujours inconnu. En toute logique, si l'objet perdu est devenu un objet trouvé, il aura été remis à la fourrière des Armées à Alger où il vous attend.

De nouveau le sommeil avait envahi Benjamin. Il ressentait un picotement des paupières et il lui sembla que sa vue était brouillée comme par un mince rideau de larmes. Il fit un effort pour rassembler ses pensées et le point de vue du général lui parut alors trop élémentaire pour être accepté tel quel. Il devait certes exister un raisonnement heuristique, une voie royale vers la vérité mais il ne pouvait admettre qu'ils puissent se présenter de façon aussi simple.

Il se souvint d'un matin où, parti en tournée de vaccinations avec Hamdi et deux harkis d'escorte, il marchait à travers les vallons desséchés, essayant de ne pas se laisser distancer par le trot égal et soutenu de ces garçons infatigables. Alors qu'il peinait en abordant une butte, il vit venir vers lui un coq qui bondissait en zigzag, trébuchant, en proie à l'affolement le plus désordonné. La pauvre volaille s'étala sur le ventre, reprit sa course et après quelques sursauts roula dans le fond de l'oued, une aile déployée, les pattes raidies, frémissant dans son agonie. Benjamin aperçut alors un filet de sang qui coulait du cou de la bête, vite bu par le sable brûlant. Au même moment, entendant des cris et des bruits de pas précipités, il leva la tête et vit accourir du haut de la butte, sur les traces du coq, une troupe d'hommes en djellaba qui, sans prêter attention à lui, entourèrent l'animal mort, échangeant d'un air surexcité des paroles où on pouvait sans les comprendre reconnaître des accents joyeux. Benjamin reprit, perplexe, son chemin, forçant le pas pour rattraper son escorte qui l'attendait heureusement sur l'autre versant de la colline. Il apprit alors que dans les saisons de grande sécheresse, quand les oueds et les sources sont taris et que les puits ne donnent plus qu'un peu d'eau saumâtre et boueuse, le courage et le travail des hommes du village, pas plus que l'intelligence des femmes et le savoir des cadis, ne suffisent plus à ramener même une cruche d'eau bienfaisante. Il faut à ce moment laisser à un coq sacrifié, désigner au terme de sa course folle et aveugle la place où, comme Dieu l'a voulu en le guidant vers la mort, l'eau jaillira sous le pic des fidèles qui l'ont suivi.

Ainsi devrait-il maintenant se tourner vers l'irrationnel et croire à ce que disait ce général perdu qui lui conseillait l'absurde en réponse à l'impossible ?

Revenant à sa première idée, il se demandait comment il pourrait se rendre à Bel Abbès. Il lui fallait donc obtenir sur place un moyen de transport pour le conduire là où le DC3 se trouvait. Il se pouvait que le bimoteur, sa mystérieuse mission d'In Salah accomplie, ait tout simplement fait retour à sa base. Il le trouverait, le fouillerait, interrogerait tous les personnels ayant approché l'appareil, explorerait tous les bâtiments.

Et si le DC3 après son raid n'était pas revenu à Bel Abbès ? S'il avait été retenu dans le grand Sud ? Comment ferait-il pour le localiser ? Il pouvait parcourir les déserts et les steppes pendant des semaines sans le rencontrer.

Soudain la fourmi noire du Cheikh Sidi Ben Moussa lui revint en mémoire et Benjamin prit brusquement sa décision.

– J'irai à Alger, dit-il au général.

Celui-ci répondit en souriant :

– Un VL [1] vous y conduira en moins de deux heures si Dieu le veut.

Le général se tut, attentif à un vrombissement qui montait de la nuit. Un avion prenait son élan. Il quittait la base tous feux éteints et s'élevait vers le ciel noir, laissant deviner son double fuselage.

– Encore un Nord 2501 qui nous fausse compagnie ! C'est le troisième depuis hier soir. Je vous disais bien que c'est la fin ! Bon vent toubib !

[1] Véhicule Léger.

Chapitre 16

Mitidja - Lundi 24 avril 1961 - 6 h 00

La jeep roulait avec régularité sur la route asphaltée qui relie La Reghaia à Rouiba. Le vent latéral faisait claquer la capote et Benjamin était transi de froid. Il avait remonté le col de son vert puis enfilé le tour de cou qu'il avait gardé sur lui. Tenant d'une main l'arceau métallique, il essayait de conserver l'équilibre sur son siège selon la pente de la chaussée bombée.

Le paysage était totalement obscur et la traversée de quelques douars isolés semblait ajouter encore à l'atmosphère étrange de ce voyage.

Juste avant Rouiba, un cahot brutal le sortit de son demi sommeil. La jeep avait quitté la route et allait maintenant sur une piste étroite tracée dans la steppe. Il voyait naître à droite et à gauche dans la lumière des phares les bornes inégales que faisaient les touffes d'épineux. Une gerboise, surprise, bondissait loin devant, le panache de sa queue fouettant l'air. Sur le point d'être rattrapée, elle fit un saut de côté et disparut dans l'ombre.

Après avoir longé une rive abrupte pendant quelques kilomètres, ils passèrent le pont de l'oued Hamiz.

De distance en distance, la silhouette incertaine des arbustes se dressait pour disparaître aussitôt à leur passage. Benjamin sentit monter une douleur sourde dans son dos. Il serrait ses genoux l'un contre l'autre et, avec ses poings fermés, poussait sur le fond de ses poches pour ne pas trembler. Le froid et la fatigue l'avaient envahi. Il ressentait un courant malsain qui parcourait ses veines, brouillait sa vue et figeait ses muscles.

Ils allaient ainsi depuis environ une heure quand la piste rejoignit la route asphaltée après Maison Carrée. Ils passèrent devant des hangars dominés par la masse blême d'un silo et traversèrent un village endormi puis ce fut de nouveau la steppe. Le chauffeur, pour éviter les barrages, avait manifestement choisi à travers la Mitidja l'itinéraire le moins fréquenté.

L'horizon blanchissait vers le Levant quand ils atteignirent les quartiers Sud de Kouba puis la zone industrielle d'Hussein Dey. Ils durent faire demi-tour devant un barrage, gardé par des civils, à l'entrée de la ville et repartirent vers l'ouest pour contourner Alger par Birmandreis. Ils suivirent la route longée par la voie de tramway de la Colonne Voirol puis une avenue déserte dont les larges sinuosités suivaient la pente douce des collines côtières, longèrent la palmeraie majestueuse du Palais d'Eté et, passée la villa mauresque du Bardo suivirent la rue Michelet bordée d'immeubles résidentiels jusqu'aux facultés. Un nouveau barrage les fit tourner à droite dans une ruelle qui s'ouvrait sur la rue Baudin face à l'arrière port.

– A l'Amirauté, déposez-moi à l'Amirauté.

Ce furent ses seules paroles durant tout le trajet.

En arrivant sur les quais, la jeep décrivit un large virage autour des fontaines et vint s'arrêter devant le perron, dispersant la compagnie de mouettes qui s'égailla en piaillant vers la mer.

A sa descente du véhicule, le médecin assura son équilibre en posant ses doigts sur le garde-boue. Sa jambe gauche était engourdie. Il ôta sa casquette, enleva le tour de cou et passa sa main dans ses cheveux courts comme pour les débroussailler. Le matelot se réchauffait en frappant ses bras croisés sur sa poitrine, faisant voler la poussière dont le sirocco l'avait couvert.

Benjamin lui demanda :

– Savez-vous où est la fourrière militaire d'Alger ?

– Négatif mon lieutenant, mais le planton doit certainement la connaître. Je vais faire pointer mon ordre de mission et prendre un café. Si vous avez besoin de moi, on saura où me trouver.

Benjamin franchit le perron et s'engagea dans le hall où la veille il avait été reçu par les officiers mariniers de service. Il espérait retrouver le même homme afin de ne pas avoir à recommencer son récit. Il avisa un couloir qu'il crut reconnaître et frappa à la porte du fond. Son second maître était là. Comme la veille il était avec son collègue et il tenait à la main un gobelet de café fumant. Il posa sur le médecin un regard interrogateur qui ne le quitta pas pendant que lui et son camarade se levaient de leur siège, la curiosité se mêlant chez eux au respect.

– A vos ordres monsieur le médecin, dit-il lentement.

– Chef [1] où sont les toilettes, ?

– Dans la coursive, à droite.

En se lavant les mains, Benjamin vit son image dans le miroir que surmontait une rampe fluorescente. Il rajusta son chèche, ôta sa casquette, rectifia l'axe de l'écusson et la place de la jugulaire toujours un peu détendue sur la visière puis passa sa paume mouillée sur ses joues et sur son menton hérissés de barbe raide, rafraîchit ses paupières, aspergea son crâne sous le jet du robinet et sans s'essuyer remit sa coiffure puis regagna le bureau des officiers-mariniers.

– Un café ? monsieur le médecin ? Il est tout frais et tout chaud !

Pendant qu'il buvait, les officiers-mariniers avaient obtenu l'adresse de la fourrière.

– C'est à la Salpétrière. Il est cinq heures trente et elle n'ouvre qu'à huit heures trente.

– Ça ne fait rien. Je trouverai bien quelqu'un pour me faire entrer. A quelle heure l'amiral arrivera-t-il ce matin ?

– L'amiral est en mer pour une durée indéterminée. C'est le capitaine de vaisseau Pacard qui assure l'intérim. Il pourra vous recevoir à partir de neuf heures sauf imprévu.

Benjamin avait le sentiment désagréable de revivre les mêmes événements sans pouvoir sortir du labyrinthe qui semblait le ramener sans cesse à son point de départ.

Il apprit aussi que le second maître Paturel avait regagné Alger avec son hélicoptère la veille au soir.

Quand il quitta l'Amirauté, le jour était levé. La mer était lisse et sa surface reflétait la pâleur rose du ciel. Le médecin gravit les marches qui conduisaient vers la terrasse surplombant les quais. En

[1] Appellation familière des Seconds Maîtres.

arrivant en haut il découvrit au loin la masse blanche de la casbah, éclairée des premiers rayons du soleil. Il cherchait des yeux le café où, la veille, il avait pris son petit déjeuner. Le trottoir était vide. Ni chaises, ni tables. Et les rideaux de fer étaient baissés. Il alla plus loin, envahi soudain par l'inquiétude au milieu du silence de ce carrefour qu'il avait connu si animé. Il parcourut la ruelle qui pénétrait vers la ville. Les portes et les fenêtres étaient closes. Il tourna à droite pour aller chez le barbier. La surprise et la tristesse arrêtèrent ses pas. Là où la veille il avait quitté le petit artisan, le trottoir était couvert de gravats et de poutres. Il s'approcha. Sur le sol, des éclats de vitres, des carreaux de faïence brisés, des papiers déchiquetés. La boutique avait été vidée par un souffle énorme et brutal et à sa place on ne voyait qu'une loge obscure, avec quelques planches et des fils électriques pendant du plafond.

Du pied, Benjamin souleva une grande plaque de plâtre couverte de mosaïques bleues et blanches. Il aperçut parmi les graviers et la poussière un petit chaînon qui luisait dans l'ombre. Il se pencha, déplaça à deux mains les gravats et dans la poussière à odeur de cendre saisit délicatement le chapelet d'ébène. Aucun grain ne manquait. Il le passa sur son treillis pour en enlever la terre, le mit dans sa paume et vit les cent petites sphères noires et brillantes se grouper en s'accommodant du creux de sa main pour s'y blottir avant de s'immobiliser. Il referma lentement ses doigts sur elles et mit son poing fermé dans sa poche. Il n'avait pas vu venir le jeune garçon roux, sans doute un kabyle, en jean et maillot rayé qui descendait la rue en courant vers lui. L'autre lui cria en passant :

– C'est l'OAS ! Le chibani est mort ! Inch Allah !

Oui, Inch Allah ! Benjamin serra plus fort les petites boules froides. L'OAS ou le FLN, qu'importait maintenant ! Il n'avait plus envie de penser à rien. Il enjamba les décombres et poursuivit son chemin. En arrivant devant le lycée Bugeaud il vit une troupe d'une vingtaine de gardes mobiles, l'arme à la bretelle, qui, au pas sans cadence, remontait lentement vers la casbah. Il dépassa plusieurs groupes de parachutistes marchant de leur allure silencieuse et souple, l'air désœuvré, comme s'ils n'allaient nulle part. En voyant ces hommes superbes, encore redoutables dans l'accablement de la défaite, on ne pouvait s'empêcher de penser qu'ils avaient été vaincus non seulement par la fatalité de l'Histoire, mais aussi par le dépit secret qu'éprouvaient les gens du commun à l'égard de l'élite, de ceux qui à leurs yeux accaparaient la gloire, les médailles et les filles.

Le bâtiment attenant à la caserne de la Salpétrière qui abritait la fourrière occupait l'angle du boulevard de Champagne et de l'avenue Malakoff. Le haut portail de fer et la petite porte latérale étaient fermés tout comme les fenêtres des quatre étages. Il était à peine 6 heures. Traversant la rue, Benjamin atteignit l'autre trottoir et inspecta les alentours, parcourant en vain des yeux la façade de l'immeuble. Il contourna la bâtisse, longeant plus loin un mur de pierre surmonté d'une grille de fer forgé. Il parvint ainsi à un porche qu'il lui sembla reconnaître. La porterie qui le flanquait était ouverte. Un sergent de la police militaire s'y trouvait. Au-dessus de la guérite, un écriteau annonçait : « HÔPITAL MILITAIRE MAILLOT : Heures de visite de 13 h à 15 h tous les jours ».

Ainsi, il était bien revenu à son point de départ. Il passa sans s'arrêter devant le factionnaire et suivit l'allée des lauriers roses jusqu'au carrefour, prit le chemin de celle qui montait vers l'esplanade, parvint à l'entrée du service des urgences et parcourut le long couloir jusqu'à la porte du bloc opératoire.

Une voix forte l'arrêta :

– Vous cherchez quelque chose ?

Le médecin reprit son souffle et répondit à l'infirmier :

– Oui, je voudrais des nouvelles de deux blessés arrivés hier de Zone Opérationnelle Ouest, hier ou plutôt avant-hier, je ne sais plus très bien.

– L'un est mort ce matin, l'autre est au troisième étage, en salle de déchocage. Vous venez peut-être pour la remise de décoration ?

– Non, je venais seulement pour avoir des nouvelles.

Un bruit de pas les fit se retourner. Un capitaine de vaisseau, suivi de trois autres officiers, tous quatre en uniforme blanc, venait de pénétrer dans le couloir. L'infirmier s'était précipité à leur rencontre. Le capitaine de vaisseau Pacard marqua un temps d'arrêt puis s'avança à grands pas vers Benjamin, la main tendue.

– Eh bien, toubib, vous voilà enfin ! Vous pourrez raconter que vous nous avez donné bien des soucis ! Le pacha de la DBFM qui est sans nouvelles de vous depuis 48 heures est persuadé que vous avez déserté. Il a même appelé au téléphone votre famille à Paris pour savoir si vous n'aviez pas fait un saut là-bas en profitant des événements. Vous tombez bien. Nous allons remettre la Croix de le Valeur Militaire à Mendosa. Il paraît qu'il va s'en tirer, avec un œil en moins et quelques opérations d'esthétique dans l'avenir. Son camarade est mort paraît-il. C'étaient de braves gars !

Et le capitaine de vaisseau entraîna Benjamin vers l'ascenseur. C'était un monte-charge où pouvaient tenir deux brancards. La plate-forme s'éleva en vibrant et déposa les officiers au troisième étage. L'infirmier les conduisit vers la salle de déchocage. Une odeur mêlée de café, de soupe et d'éther emplissait le couloir. La porte à glissière s'ouvrit et le groupe s'arrêta sur le seuil de la salle de réanimation.

Six lits l'occupaient, trois à droite, trois à gauche avec au milieu un comptoir couvert d'une paillasse en faïence. A la tête des lits, tout le matériel de réanimation : aspirateurs, cardioscopes, respirateurs, pompes à transfusion.

Un cliquetis inégal sortait de ces machines et rompait par son rythme syncopé le flux sifflant des conduites de fluides. Un sergent infirmier montra l'un des lits et tous s'approchèrent du blessé. Celui-ci gisait, nu, à plat dos, les poignets et les chevilles attachées aux ridelles par des lanières de cuir. Un tube transparent pénétrait dans sa narine droite. Un autre tube, plus fin, de caoutchouc rouge sortait de sa bouche et allait à l'aspirateur, étirant la commissure des lèvres. Le reste du visage était recouvert d'un épais pansement fait de bandes de crêpe à lisière bleue croisées en chevrons.

Le capitaine de vaisseau avait pris dans sa poche une petite boîte plate, rectangulaire, de carton brun. Il détacha avec l'ongle de son pouce l'adhésif qui tenait le couvercle. S'approchant davantage du blessé, il se pencha pour que sa bouche soit proche de l'oreille couverte du pansement et dit d'une voix forte :

– Mendosa, sacré veinard, vous serez bientôt chez vous ! Vous avez été un combattant magnifique ! La Marine est fière de vous. Je vous ai apporté votre récompense.

L'officier se redressa, marquant un instant de silence. Il ouvrit alors la petite boîte plate et, après avoir saisi entre le pouce et l'index le ruban blanc bordé de rouge qui portait la croix, il reposa la boîte vide sur les draps entre les genoux du blessé. Il vérifia l'agrafe puis se raidit au garde à vous. Il parut soudain se raviser, cherchant du regard autour de lui et prit sur la table de chevet une pièce de toile verte qu'il secoua pour la déplier et qu'il étala comme une serviette sur la poitrine du blessé.

– Au nom du Ministre des Armées, nous vous décernons la Croix de la Valeur Militaire avec palme.

Il épingla ensuite la décoration sur le tissu vert, près du sein gauche en pinçant la toile pour ne pas risquer de piquer la peau.

Mendosa s'agitait sur son lit, tordant ses bras pour les dégager et tournant la tête à droite et à gauche.

La cérémonie était terminée. Un des officiers présents revint vers le blessé, lui tapota la main en disant avant de partir :

– Du courage ! Mon ami. Et recevez toutes mes félicitationss.

Le blessé toussa faiblement et une gorgée de sang caillé coula de ses lèvres.

Benjamin était resté seul à son chevet. Il essuya le sang avec le tissu vert sur lequel était accrochée la médaille et il crut entendre un murmure venant des lèvres qui bougeaient faiblement. Mendosa agita de nouveau la tête et le médecin se pencha sur lui, l'oreille près de sa bouche et entendit des mots entrecoupés d'un souffle rauque :

– La Valeur Militaire, je l'avais déjà.

Chapitre 17

Alger - Lundi 24 avril 1961 - 8 h 00

Le gardien protestait en marmonnant, Benjamin l'avait tiré de son logement à force de tambouriner sur la porte et l'employé abasourdi s'était retrouvé happé par la manche de sa chemise et fermement invité à ouvrir le lourd portail de la fourrière.

– Mais, mon lieutenant, récrimina-t-il, puisque je vous dis que c'est le jour de désinfection aujourd'hui. La salle est pleine de formol et il est impossible d'y entrer. C'est ainsi tous les lundis. Revenez demain matin, pas avant.

Le médecin accentua la pression de ses doigts sur le bras de l'autre et le poussa vers le portail.

– Vous allez ouvrir immédiatement ou j'enfonce la porte.

L'employé tourna vers le médecin un regard où l'agacement avait fait place à la soumission.

– Dans ce cas il faut que j'aille chercher les masques. Attendez-moi, j'en ai pour quelques secondes. Il faudra aussi que vous me signiez une décharge. Je suis responsable, vous comprenez ?

Il disparut dans l'escalier de service et revint presque aussitôt portant deux masques à gaz de caoutchouc noir prolongés par un groin métallique. Il sortit de sa poche un trousseau, choisit une longue clé et fit tourner la serrure. Le portail s'ouvrit sans bruit découvrant une deuxième porte, en bois, dont le dormant était garni d'un ruban adhésif et sur laquelle était accrochée de guingois une pancarte de carton où on pouvait lire en majuscules à l'encre rouge « DANGER DE MORT ».

Le gardien tendit un carnet à souche et un stylo à bille et dit :

– C'est pour la décharge. Il faut signer ici.

Benjamin signa. Il prit des mains de l'homme un des masques, le plaça sur son visage. Les sangles élastiques lui écrasaient les oreilles et il respirait une odeur pénétrante qui lui rappelait celle du cuir neuf. Il ôta avec ses doigts la poussière qui couvrait les hublots ronds des œillères. L'employé avait arraché les rubans qui cernaient l'huis et il fourragea dans la serrure avec une grosse clé de fer puis en poussa le battant. On entrait dans une immense pièce qui recevait sa lumière d'un toit en verrière et qui était presque entièrement occupée par des rayonnages métalliques où étaient rangés des milliers de colis, de sacs, de boîtes et d'objets hétéroclites. Benjamin fit un pas, la serviette était là, sur la première étagère, entre une corbeille de rotin et une cantine de tôle peinte en bleu. Il n'eut qu'à tendre la main pour la saisir par la poignée à laquelle était liée une étiquette de carton blanc qui portait tracées au crayon les lettres M.B. Maison Blanche. Il reconnut à son poids que les documents étaient toujours là et il fit signe au gardien que la porte pouvait être refermée.

En arrachant son masque, il aspira une longue goulée d'air frais puis frotta ses joues et ses oreilles meurtries.

Il avait récupéré la serviette. Il lui fallait maintenant aller au plus vite la remettre à l'amiral.

Il s'était mis à courir de toutes ses forces, le long du mur de l'hôpital Maillot, obéissant au besoin impérieux de cet effort physique pour chasser toute réflexion de son esprit. La sacoche serrée sous son bras, le pouce passé dans la poignée du cuir, il allait à grandes enjambées, le corps droit et il éprouvait, comme par le passé, chaque fois qu'il courait, une sensation à la fois détaillée et totale de son corps, comme si le mouvement régulier et puissant des muscles rendait évident l'inventaire de chacun des rouages de sa machine. Sa course silencieuse et souple le conduisait vers son but, à la fois très vite et aussi comme dans une action immobile où le décor aurait défilé autour de lui et le sol sous ses pas. Il se sentait infatigable, le cœur battant en sourdes pulsations dans sa poitrine, le souffle bien établi au rythme de ses foulées. Il mesurait la perfection de sa propre mécanique, réalisant combien elle était vulnérable et imaginant qu'un jour elle l'abandonnerait sans le trahir, simplement parce qu'il aurait vieilli.

Arrivé rue de Colmar il croisa une foule clairsemée de passants qui allaient vers la place Jean Mermoz en une sorte de défilé. Il ne ralentit pas son élan, franchit les groupes épars rassemblés devant la caserne Pélissier et continua par l'Avenue du 8 Novembre. Il parvint sur la terrasse près du port, dévala les marches qui menaient au quai et se dirigea vers l'Amirauté. Il passa le portail, s'arrêta devant la porte fermée. Alors, seulement, il entendit sa respiration précipitée et sentit le martèlement violent des artères sur ses tempes. Maintenant qu'allait-il dire aux officiers-mariniers ? C'est l'amiral qu'il voulait rencontrer personnellement. Il revint sur ses pas. Du hall, un escalier à la rampe en tube d'acier inoxydable, très modern'style le conduisit au premier étage. Arrivé sur le palier, il parcourut un long vestibule où les portes peintes en blanc portaient des numéros. Il frappa au n° 6 sans obtenir de réponse. La porte n° 7 resta également muette. Au n° 8, une voix cria « Entrez ». Il tourna le bouton, poussa le battant et se trouva dans une vaste salle de réunion, inondée de soleil par deux portes-fenêtres devant lesquelles était disposée une table entourée de fauteuils capitonnés de maroquin vert.

Un petit homme à cheveux blancs, en civil, vêtu d'un costume gris Prince de Galles était là, debout, les bras croisés, qui observait la rade à travers la vitre.

Benjamin était resté sur le seuil, reprenant peu à peu son souffle. L'homme se retourna, surpris par la présence de ce visiteur inconnu et questionna :

– Que se passe-t-il ?

– J'ai quelque chose à remettre à l'amiral...

– Eh bien, coupa le petit homme en civil, qu'attendez-vous pour me le donner ?

– Je dois vous remettre cette serviette. Je viens de Tlemcen.

L'amiral observa silencieusement Benjamin, décroisa les bras, mit les mains dans les poches de sa veste, puis d'une voix soudainement adoucie :

– « Vous voulez dire que vous deviez me remettre cette serviette en main propre.

– C'est cela, amiral, je devais vous la remettre en main propre.

– Et quand deviez vous me la remettre ?

– Il y a trois jours, amiral.»

L'amiral fixa sur le médecin un regard qui paraissait ne plus le voir et prononça comme pour lui-même : « Je ne saurai jamais vraiment pourquoi vous avez autant tardé. »

Il paraissait soudain très las. Il passa la main sur son front.

– Posez ça sur la table, vous pouvez disposer.

Benjamin allait comme dans un cauchemar. Il n'avait plus de doute. La serviette de cuir contenait à coup sûr des documents qui auraient été décisifs s'ils étaient parvenus chez les putschistes en temps voulu. Brutalement, l'évidence s'imposait et sa pensée se faisait précise et impitoyable. Les Américains, avaient, dans le plus grand secret, tout mis en œuvre pour soutenir les révoltés d'Alger, et cela pour des motifs qui s'imposaient de manière éclatante. Il leur fallait à tout prix racheter le fiasco de la Baie des Cochons à Cuba mais aussi briser le prestige de De Gaulle, leur vieux rival qui, après avoir semé le désordre à l'OTAN, avait projeté de nouveaux essais atomiques à Reggane. Et pourquoi aussi ne pas mettre la main sur les réserves pétrolières du Sahara ? Et puis, l'appui américain expliquait trop bien l'apparente légèreté de cette rébellion de fin de mois, qui, sans lui, apparaissait comme une folie lancée sans réserve financière et sans appui extérieur.

Il avait la certitude maintenant que, pendant ses 72 heures d'errement, sa paresse ou sa lâcheté avaient repoussé toutes les raisons de croire qu'il avait, un moment, disposé du pouvoir de sauver ou d'anéantir une nation entière. Son étourderie l'épouvantait.

Il imaginait l'homme seul dans son bureau envahi de lumière. Une liasse de feuillets glisse de la serviette entreouverte sur le bois verni de la table de conférences où jouent les rayons éblouissants du matin. Tous les documents sont là, espérés en vain depuis trois jours : les ordres de mission des officiers généraux, les codes de la sixième flotte, les lettres accréditives pour les banques, le budget prévisionnel, les plans d'action depuis le premier jour jusqu'au jour J plus sept pour les autorités civiles et militaires. Benjamin pressa la main sur ses yeux comme si le feu de cette tragédie l'avait aveuglé. Il avait commis l'irréparable et il sentait peser sur lui le silence de la ville morte. Le pays allait être livré aux représailles et à la vengeance et dans un éclair, il vit Hamdi, la gorge ouverte, disloqué par l'agonie, qui le fixant de son regard vide.

L'amiral était resté un moment immobile, son regard fixé sur la porte qui s'était refermée sur le médecin de la marine. Il se tourna lentement vers la table où était posée de travers la serviette que le soleil inondait d'une lumière éclatante. Sortant ses mains des poches de sa veste, il s'approcha du petit cartable et posa ses doigts tendus sur le cuir souple. Il s'immobilisa quelques secondes et son index caressa la serrure dorée avant de presser le fermoir. Il répéta à deux reprises son geste, puis une nouvelle fois avec plus de vivacité.

Alors, après avoir pris dans son gousset un petit canif au manche de laque noire, il en tira avec l'ongle du pouce la lame la plus courte et d'un mouvement précis de levier fit sauter le pêne, libérant le rabat qu'il rejeta du revers de la main.

La serviette contenait un paquet plat protégé par deux feuilles de carton ondulé et liées d'un ruban de satin bleu. La lame du canif coupa le ruban. Enveloppées dans un papier de soie, deux grandes babouches de cuir fauve, à l'empeigne rehaussée de damasquine multicolore. Sur la carte de visite tombée sur le plancher, on pouvait lire, tracé d'une cursive élégante : « Pour l'anniversaire de notre cher amiral, le 22 avril de ses toujours vingt ans. »

L'Amiral leva les yeux vers la baie vitrée. Au-delà de la balustrade de pierre, la mer s'étendait immense et paisible. Un ketch franchissait la passe, venant du port de plaisance, sa voile d'artimon déjà établie, accompagné par le vol des oiseaux de mer aux ailes immobiles, portés par la brise du matin.

Chapitre 18

Alger - Lundi 24 avril 1961 - 10 h 00

Le pilote avait mis le cap vers Oran, frôlant la basilique de Notre-Dame-d'Afrique, superbe au-dessus de la vallée des Consuls tandis que la ville blanche s'estompait au loin. L'hélicoptère rasait presque les crêtes émoussées des collines côtières. A main droite défilaient les plages où les troupes françaises avaient débarqué en 1830 et où le marabout Sidi Ferrudji, pieds nus, s'était avancé dans la mer devant les premières embarcations et avait lancé contre elles ses sandales sacrées qui devaient arrêter les envahisseurs.

Benjamin était anéanti de fatigue et de sommeil. Il avait de la peine à tenir ses yeux ouverts et ne souhaitait plus qu'une chose, arriver à Kebir et dormir. Il activa l'interphone et demanda au pilote de voler au-dessus de la mer à quelques milles de la côte. Il espérait ainsi éviter d'être intercepté par des appels au secours qui risquaient d'interrompre son retour. Après l'aqueduc de l'oued Bellah, il vit le rivage s'éloigner sur sa gauche, aperçut le port de Cherchell puis, à demi inconscient, il se laissa bercer par le sifflement aigu de la turbine.

Une tape sur le coude le tira de sa torpeur. Le second maître Paturel désignait, droit devant, un escorteur qui traçait son chemin vers eux. L'hélicoptère ralentit son élan et le pilote le conduisit à faible altitude vers la proue soulignée d'écume. Puis il croisa l'aviso, assez près pour qu'on puisse apercevoir les hommes sur le pont.

– C'est le « Commandant Rivière ». Je reconnais sa cheminée. Il a été contrôlé hier par les destroyers de la Navy. Son pacha n'était pas à la fête. On n'est plus chez soi !

Le médecin acquiesça et son esprit sombra aussitôt dans le rêve.

Il tourna la tête quand la voix excitée du pilote éclata de nouveau dans l'interphone. Sur l'étendue scintillante de la Méditerranée, près de l'horizon, se déployait un fantastique groupement de navires qui faisaient route vers l'Est, disposés en ordre de bataille, à petite vitesse, presque sans sillage.

Le pilote, déjà, avait dérouté l'hélicoptère vers le large pour s'approcher de l'armada et criait dans l'interphone :

– « Ce ne sont sûrement pas les nôtres. Il y en a trop. Je vois au moins deux porte-avions, des croiseurs, des destroyers, des L.C.H.[1] et des tas de ravitailleurs ! C'est à coup sûr la sixième flotte américaine. Je me demande ce qu'ils sont venus faire par ici. Qu'est-ce qu'on fait monsieur le médecin ? On va voir ? »

Benjamin était trop fatigué pour répondre, trop épuisé aussi pour éprouver la moindre curiosité. L'hélicoptère avait viré et repris son cap vers Kebir.

[1] Navire de débarquement.

Epilogue

Benjamin achevait de dicter le courrier. Il avait rangé ses dossiers. La consultation était terminé et il s'apprêtait à faire la contre-visite aux opérés.

Depuis un an déjà il avait repris ses activités hospitalières et préparait maintenant le concours qui devait confirmer sa vocation en chirurgie orthopédique.

Il allait quitter son cabinet quand la sonnerie du téléphone le rappela. Dans l'écouteur, une voix enrouée :

– C'est Hamdi. Je suis à Orly !

Hamdi ! Vivant !

Quand Benjamin avait quitté l'Algérie, peu avant l'Inpédendance, on parlait beaucoup du rapatriement des harkis par la Marine. Il avait, à son retour, participé aux réunions du comité qui préparait leur accueil en France et, quand ces hommes et leur famille étaient arrivés, il était allé à leur rencontre mais il n'avait pu reconnaître parmi eux son infirmier.

Les mois s'écoulaient et, rempli d'inquiétude, il était allé en Ardèche s'informer dans un camp de regroupement où il apprit qu'Hamdi, au dernier jour, avait manqué l'embarquement sur l'escorteur de la Marine Nationale. On racontait, que brisé de fatigue après tant de jours et de nuits de préparatifs, il s'était assoupi dans un hangar des docks et qu'il avait été oublié dans son coin. On disait aussi que, plus tard, après s'être caché auprès de familles amies, il avait été arrêté puis sans doute exécuté par le FLN comme beaucoup de ceux qui étaient restés, là-bas, abandonnés par la France.

– Reste où tu es, j'arrive. Je viens te chercher.

– Non, Monsieur le Médecin, le canot des gendarmes va me conduire chez vous. Je leur ai expliqué.

– Je t'attends.

Attendre ! Il se trouvait de nouveau, en un instant, plongé dans ce détour de son existence qu'il avait coutume d'appeler ses grandes vacances. Il était assailli par l'angoisse qui l'avait peu à peu abandonné au fil des mois et qu'il croyait avoir chassée de son âme et de son cœur, comme s'il avait pu choisir ce qu'il devait oublier, pour construire à sa guise le monde merveilleux et terrible des souvenirs.

Une femme de harki lui avait parlé d'un homme jeune qui se trouvait dans le camp où elle avait été, un temps, internée par le FLN, aux confins du désert. Chaque semaine les responsables de la willaya choisissaient, dans le camp, des otages qu'ils chargeaient dans un camion et allaient dans les villages alentours. Ces hommes, ces femmes et ces enfants étaient égorgés ou fusillés en public pour frapper l'imagination des populations par des punitions exemplaires. Le jeune homme avait échappé de justesse à la mort quand il avait secouru un des exécuteurs qui s'était blessé en rechargeant son pistolet. Depuis ce jour il avait été épargné parce qu'il avait soigné un combattant de l'ALN et aussi parce qu'il était considéré comme une sorte de médecin.

Un matin, l'ultime convoi français quittait la Zone Opérationnelle Ouest. Il remontait la piste qui va vers le nord, et au bord de laquelle le camp était établi. Quand il avait aperçu les véhicules bâchés et les jeeps lourdement chargées qui roulaient à faible vitesse, le garçon avait escaladé le mur d'enceinte, rampé sous les réseaux barbelés et couru tout droit vers les camions en lançant des appels et en agitant les bras.

Dans le camp les prisonniers avaient aussitôt été refoulés puis enfermés dans les mechtas par les gardes. On avait entendu plusieurs coups de feu. Le chef des gardes avait annoncé plus tard que le fuyard avait été abattu.

Benjamin confia à l'interne de garde le soin de la contre-visite. Il appela ensuite au téléphone un collègue qui dirigeait une clinique dans le voisinage et avec qui il envisageait de s'associer plus tard. Il fallait trouver pour Hamdi un gîte et un emploi. Le collègue était heureusement à la recherche d'un brancardier.

Après avoir passé sa capote de drap bleu par dessus sa blouse, Benjamin gagna l'escalier de secours pour atteindre la longue galerie qui forme l'axe du Centre Hospitalier. C'était l'heure où, les visiteurs partis, le vieil hôpital retrouvait sa nature vénérable, avec ses hautes boiseries, ses planchers cirés, ses portes marquées de noms d'un autre temps, Notre-Dame, Saint-Côme, Saint-Landry, entrouvertes sur la souffrance et sur la mort. Les pas de Benjamin résonnaient maintenant sur le pavement de pierre et l'écho que répercutait le bout du couloir lui faisait imaginer un spectre invisible marchant à sa rencontre.

Il avait presque atteint la rampe qui descend vers la tisanerie quand il vit Hamdi qui se tenait immobile, adossé au dormant de chêne d'une des porte d'entrée. Il parut à Benjamin plus grand que dans ses souvenirs, sa silhouette nonchalante habillée d'un long manteau brun, sans forme, les pieds chaussés d'espadrilles. Les traits où la pâleur se devinait sous le hâle, étaient marqués par une dureté figée comme si toute l'horreur du passé s'y était imprimée. Benjamin, désemparé, hésitait avant d'aller vers lui. Il cherchait en vain les mots pour l'accueillir. Hamdi, inclina imperceptiblement sa tête sur le côté et le dévisagea en silence. Le sourire qui naquit dans son regard éclaira son visage en effaçant en un instant la lassitude et le désespoir. Alors, avec une sorte de fierté joyeuse, il dit tout bas :

– C'est la guerre, ça Madame !

Imprimé en France. - JOUVE, 18, rue Saint-Denis, 75001 PARIS
N°250804A. - Dépôt légal : Octobre 1997